Bernd Grützmacher

ELBAUFWÄRTS

Wie kommen Seeschiffe in den Hamburger Hafen und in die Docks von Blohm + Voss?

Bernd Grützmacher

ELBAUFWÄRTS

Wie kommen Seeschiffe in den Hamburger Hafen
und in die Docks von Blohm + Voss?

Bildnachweis:	Fotos:	Bernd Grützmacher
	Titelfoto:	Dietmar Hasenpusch
	S. 30, rechts:	Abeking & Rasmussen

	Zeichnungen/	
	Karten:	
	S. 9	Peil- und Vermessungsdienst, Hamburg
	S. 13	Bernd Grützmacher
	S. 14/15, 49, 68/69	Bundesamt für Seeschifffahrt u. Hydrografie (BSH), Hamburg, Rostock
	S. 23, 72, 82, 84, 85,88, 90, 101	Hans J. Meggers (Blohm + Voss)
	S. 44	Wasser- und Schifffahrts-Amt Hamburg (WSH)
	S. 50, links	Hafenlotsenbrüderschaft Hamburg
	S. 59	Voith-Schneider

Ein Gesamtverzeichnis der lieferbaren Titel der
Verlagsgruppe Koehler/Mittler schicken wir Ihnen gern zu.
Senden Sie eine E-Mail mit Ihrer Adresse an: vertrieb@koehler-mittler.de
Sie finden uns auch im Internet unter: www.koehler-mittler.de

---

Bibliografische Information Der Deutschen Bibliothek
Die Deutsche Bibliothek verzeichnet diese Publikation in
der Deutschen Nationalbibliografie; detaillierte bibliografische
Daten sind im Internet über http://dnb.ddb.de abrufbar.

ISBN   978-3-7822-0939-7
ISBN   3-7822-0939-7
© 2006 by Koehlers Verlagsgesellschaft mbH, Hamburg
Alle Rechte, insbesondere das der Übersetzung, vorbehalten.
Layout und Produktion: Anita Krumbügel
Druck und Weiterverarbeitung: Druckerei zu Altenburg, Altenburg
Printed in Germany

Inhalt

Vorwort 7

Teil I
**Wie kommen Seeschiffe von der Nordsee
in den Hamburger Hafen** 9
Das Verkehrssicherungssystem Elbe 9

Die Lotsen
**In der Elbmündung, auf der Elbe
und im Hamburger Hafen** 20
Das Berufsbild der Lotsen 20
Beruflicher Werdegang zum Lotsen 20

Navigations- u. Orientierungshilfen für Lotsen 21
Pilot Card 21
Navigationshilfen auf der Kommandobrücke 21
Seekarten 21
Elektronische Seekarten 22
Radarbild-Informationen 22
Ruderlageanzeiger 22
Geschwindigkeitsanzeiger 22
Kursanzeiger 23
Echolot 23
Bugstrahlruder 23
Bordferne Orientierungs- und Navigationshilfen 24
Fahrwassertonnen 25
Richtfeuer und Richtfeuertürme 26
Leuchttürme/Leuchtfeuer 27
Landmarken 27

Der Seelotse 28
Das Revier der Seelotsen – Elbe-Lotsrevier II 28
Das Lotsenstationsschiff ELBE PILOT 28
ELBE PILOT und Lotsenboote 29

Die Lotsung von ELBE PILOT bis Brunsbüttel
Der Seelotse informiert sich 31
Der Seelotse verläßt ELBE PILOT 33
Der Seelotse geht in Lee an Bord 34
Das Seeschiff muß Lee machen 34
Der Seelotse geht an Bord des Aufkommers 34
Exkurs
Unfall beim Lotsenwechsel in der Elbmündung 34
Im Eiltempo zur Brücke 35
Der Seelotse auf der Brücke des Aufkommers 35
Reviereintrittsmeldung – ›Brunsbüttel Elbe Traffic‹ 38
Exkurs
Überholmanöver in der Elbmündung 39
Essen auf der Kommandobrücke? 40

Der Elblotse
Die Lotsenstation in Brunsbüttel 41
Vorbereitungen des Elblotsen (Aufkommer) 42
Elblotse fährt dem Aufkommer entgegen 43
Elblotse geht vor Brunsbüttel an Bord 43
Die Elbe: Ein schwieriges Revier 44
Orientierungshilfen des Elblotsen 46
Passagemeldungen des Elblotsen 46
Passagemeldung Stade/Stadersand 47
Die Revi? raus- und -eintrittsmeldung 48

Schiffsmeldung Hafengrenze Tinsdal (Tonne 125) 50
Hektik im Hamburger Hafen 50

Der Hafenlotse 53
Unterschied zum Seelotsen 53
Aufkommer, Verholer und Abgänger 54
Ein oder zwei Hafenlotsen an Bord? 55
Hafenlotse in Lee oder Steuerbord an Bord? 55
Warum Steuerbord? 55
Der Hafenlotse geht an Bord 55
Der gefährliche Moment 56
Exkurs
Seelotse in Hamburg an Bord? 57
Der Hafenlotse auf der Brücke 57
Seeschiff-Schlepper: Partner der Hafenlotsen 58
Schlepper-Reedereien in Hamburg 60
Schleppereinsatz im Hamburger Hafen 60
Schleppereinsatzzentrale –
ARGE Hamburger Schlepper 61
Wie viele Schlepper? 62
Hafenlotse bestellt Schlepper 63
Schlepper vorn oder achtern? 64
Heckschlepper ›macht fest‹ 64
Schiffsmanöver im Hamburger Hafen (Aufkommer) 67
Dreh- und Anlegemanöver im Köhlbrand 70

Die Festmacher
**Der vielleicht härteste Job
im Hamburger Hafen** 74
Festmachen am Kai 74

Festmachen an Dalben 75
Festmacherfirmen im Hamburger Hafen. 76

TEIL II
**Wie kommen Seeschiffe
in die Docks von Blohm + Voss?** 77
Ein- und Ausdocken 77
Die Docks von Blohm + Voss. 77
Unterschied Trocken- und Schwimmdock. 78
Eindocken ›Elbe 17‹ Pallenplan erstellen 78
Pallen setzen 79
Vor-, Achter- und Springleinen ›klarlegen‹ 79
Trockendock fluten 80
Hafenlotse und Schlepper für das Docktor 81
Docktor Ausschwimmen 81
Funkkoordination Werft/Lotse (Schiff). 82

Schiff dockt ein 83
Dockleinen mit dem Schiff verbinden 83
Vorleinen 83
Achterleinen und Achterspring 84
Schiff auf Sollposition manövrieren 84
Vorschlepper verläßt das Dock 85
Docktor Einschwimmen 85

Schiff auf Pallen setzen 88
Ausrichten des Schiffes 88
Auf Länge ausrichten 88
Auf Mitte ausrichten 88

Ausdocken ›Elbe 17‹ 91
Vorbereitungen 91
Schiff vertäuen und Dock fluten 92

Docktor ausschwimmen 92
Schiff ausdocken 93

Eindocken in Schwimmdocks 94
Eindocken Dock 10 95
Dockleinen zum Schiff 96
Feinjustierung des Schiffes 97
Ein- und Ausdocken (Dock 11) 98
Eindocken – Hafenlotsen bestellen 98
Hafenlotsen informieren sich 98
Hafenlotsen an Bord 99
Drehen des Schiffes. 99
Eindockmanöver (von der Brücke aus gesehen) 100
Ausdocken 102
Schwimmdock fluten 103
Hafenlotse und Schlepper 103

Vorwort

Wer auf den Landungsbrücken im Hamburger Hafen steht, sieht auf der gegenüber liegenden Seite die Docks von Blohm + Voss und fragt sich, wie die Containerschiffe, Frachter, Tanker und Kreuzfahrtschiffe dort hinein- und nach der Reparatur wieder herauskommen.

Und wer eine Hafenrundfahrt erlebt, wundert sich über die vielen Schiffe aus aller Welt, die vertäut an den Kaianlagen liegen, um in kürzester Zeit ent- und beladen zu werden, damit das nächste Schiff, das von der Nordsee den Hamburger Hafen ansteuert, an diesem Liegeplatz festmachen kann.

Er erlebt auch, wie behutsam PS-starke Schlepper die großen Pötte unter der Regie des Hafenlotsen zu den Liegeplätzen bugsieren und später aus den Hafenbecken in das Fahrwasser der Elbe schleppen.

Möglicherweise entdeckt er auf der Hafenrundfahrt auch kleine, orange-gelbe Boote mit Überrollbügel über der Kajüte, die in den Hafenbecken und auf der Elbe hin- und her flitzen – und fragt sich, warum sie ›Mooring Tug‹ heißen.

Schiff im Dock

Von der Nordsee kommendes Containerschiff (Aufkommer), kurz vor Teufelsbrück

Containerschiff am Kai (Hafenlieger)

Schiff mit Bugschlepper

Schiffsverkehr in Höhe Seemannshöft. Im Hintergrund ein Aufkommer, im Vordergrund ein Bugsier-Schlepper.

Das Museumsschiff Cap San Diego *auf Pallen im Schwimmdock (Dock 10).*

Mooring Tug

Nach der Hafenrundfahrt erreicht er wieder die schwankenden Pontons der Landungsbrücken, schaut ein letztes Mal auf die Docks gegenüber und wüßte gern eine Antwort auf die Frage:

»Wie kommen die Schiffe von der Nordsee in den Hamburger Hafen und in die Docks von Blohm + Voss?«

Im ersten Teil wird die Arbeit der Lotsen beschrieben, die die Kapitäne aller lotsenpflichtigen Schiffe von der Nordsee bis in den Hamburger Hafen beratend begleiten, damit jedes Schiff problemlos den reservierten Liegeplatz im Hafen ›just in time‹ erreicht.

In der Elbmündung sind dafür die Seelotsen, auf der Elbe von Brunsbüttel bis Hamburg die Elblotsen und im Hamburger Hafen die Hafenlotsen verantwortlich.

Und da die Lotsen ein wichtiger Teil des ›Verkehrssicherungssystems Elbe‹ sind, das den Schiffsverkehr im Auftrag des Bundesverkehrsministeriums für Wirtschaft und Verkehr von der Nordsee bis in den Hamburger Hafen regelt, werden vorab Fragen beantwortet, die den Lesern deutlich machen, warum jährlich 15.000 Seeschiffe den Hafen termingerecht und sicher erreichen – trotz Ebbe und Flut, Tag und Nacht, oft auch im Nebel oder bei Eisgang – aber auch bei stürmischen Witterungsbedingungen in der Nordsee, auf der Elbe und im Hamburger Hafen.

Im zweiten Teil beschreibt der Autor, wie Schiffe in die Docks von Blohm + Voss eingedockt werden. Dazu gehören präzise Vorbereitungen im Dock, damit das Schiff nach dem Fluten der Docks zentimetergenau auf ›Pallen‹ (Stützen) liegt, um repariert zu werden. Das setzt aber eine perfekte Funkkommunikation zwischen dem Werftkapitän, den Hafenlotsen und den Schlepper-Kapitänen voraus. Und der Leser erfährt auch, wie ein Schiff nach der Reparatur wieder ausgedockt wird.

Bernd Grützmacher
Hamburg im September 2006

Teil I
Wie kommen Seeschiffe von der Nordsee in den Hamburger Hafen?

Das Verkehrssicherungssystem Elbe

1. Dürfen Seeschiffe von der Nordsee den Hamburger Hafen ansteuern, ohne eine Liegeplatzgenehmigung für einen der 320 Liegeplätze nachweisen zu können?

Nein, denn für jedes Schiff muß 24 Stunden vor Ankunft im Hamburger Hafen eine Liegeplatzgenehmigung der ›Port Authority‹ (Nautische Zentrale) vorliegen

2. Wie wird eine Liegeplatzgenehmigung erteilt?

Die Reederei oder der Schiffsagent einer Schiffahrtslinie klärt mit dem Kai- bzw. Umschlagbetrieb den Liegeplatz, an dem das erwartete Schiff ent- und beladen oder nur entladen werden soll. Außerdem wird geklärt, an welchem Tag und zu welcher Stunde das Schiff den Hamburger Hafen erreichen wird. Dieser wahrscheinliche Ankunftszeitpunkt wird als ›ETA Hamburg‹ bezeichnet (ETA = estimated time of arrival). Ist der Liegeplatz mit dem Kaibetrieb geklärt, muß die Nautische Zentrale informiert werden, die für die Sicherheit und Leichtigkeit des Schiffsverkehrs im Hamburger Hafen zuständig ist.

Dies geschieht in Form einer Liegeplatzanmeldung (Aufkomm-Order), die folgende Schiffsdaten enthält: Schiffsname, Länge, Breite, Tiefgang, Bruttoraumzahl (BRZ: Brutto-Rauminhalt eines Schiffes), Schiffshöhe, Funkrufzeichen, Ankunftstag (ETA Hamburg), Name der Reederei oder des Schiffsagenten/Schiffsmaklers. Die Nautische Zentrale vergleicht dann die Schiffsdaten mit den Liegeplatzdaten des Hafenbeckens und dessen Zufahrt von der Elbe. Basis dieser Liegeplatzdaten sind die aktuellen Wassertiefen im Hafenbecken und deren Zufahrt, die der Nautischen Zentrale in Form von aktuellen Peilplänen vorliegen. Diese Peilpläne werden von sogenannten Peilbooten des Peil- und Vermessungsdienstes der Port Authority (früher Oberhafenamt) erstellt und ständig aktualisiert. In Hamburg nennt man diese Peilboote ›Deepenschriewer‹ (Tiefenschreiber).

Aufgrund dieser Peildaten entscheidet die Nautische Zentrale, ob das angemeldete Schiff aufgrund seines Tiefgangs den Hafen bei Niedrigwasser oder nur mit der Flut (von der Nordsee) anlaufen kann, damit immer ›eine handbreit Wasser unter'm Kiel‹ vorhanden ist! Dieser bei Schiffstaufen gebräuchliche Wunsch,

> Für jedes Schiff muß 24 Stunden vor Ankunft im Hamburger Hafen eine Liegeplatzgenehmigung der Port Authority (Nautische Zentrale) vorliegen.

Peilplan des Elbefahrwassers südlich des Wedeler Yachthafens

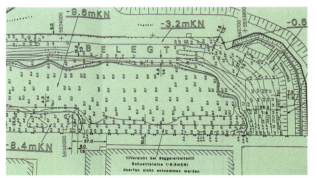

Peilplan eines Hafenbeckens

Aufkommer in Höhe Teufelsbrück/ Airbus (Sonnenuntergang)

Arbeitsplatz in der Nautischen Zentrale (Port Authority)

Von Aufkommern besetzte Liegeplätze (Parkhafen, Waltershofer Hafen)

›immer eine handbreit Wasser unter'm Kiel!‹, sollte heißen: mindestens 50 cm (!) oder 10% des Tiefgangs des Schiffes.

Ist der Liegeplatz mit der Nautischen Zentrale geklärt, erhalten der Kaibetrieb, die Reederei bzw. der Schiffsagent/-makler eine Liegeplatzgenehmigung für das erwartete Schiff. Gleichzeitig informiert die Nautische Zentrale über einen elektronischen Datenverbund alle (Schiffs-)Verkehrszentralen, die für die Sicherheit und Leichtigkeit des Schiffsverkehrs in der Deutschen Bucht (German Bight Traffic, Wilhelmshaven), in der Elbmündung (Cuxhaven Elbe Traffic, Cuxhaven) und auf der Elbe von Brunsbüttel bis zur Hamburger Hafengrenze (Brunsbüttel Elbe Traffic, Brunsbüttel) zuständig sind. Diesem ›Datenverbund Elbe‹ ist auch der Schiffsmeldedienst (SMD) angeschlossen, der kostenpflichtig alle Hafenbetriebe und Dienstleister informiert.

3. Warum ist die Liegeplatzgenehmigung 24 Stunden vor Ankunft des Schiffes wichtig?

Die Liegeplatzgenehmigung ist die Basis vorausschauender Planung aller Hafenbehörden, Hafenbetriebe und Dienstleister, die sich innerhalb dieser 24 Stunden auf die Ankunft des Schiffes vorbereiten können. Aufgrund der Datenvernetzung ist aber nicht nur die Hafenwirtschaft in Hamburg informiert, sondern auch die Verkehrszentrale in Wilhelmshaven (German Bight Traffic), bei der sich alle Schiffe melden müssen (Meldepflicht), bevor sie das Schiffsrevier ›Deutsche Bucht‹ ansteuern.

4. Für welche Schiffe gilt die Meldepflicht?

Jedes Schiff ab 50 m Länge, das die Deutsche Bucht ansteuert, muß sich vor Eintritt in das ›Hoheitsgebiet Deutsche Bucht‹ bei ›German Bight Traffic‹ mit folgenden Schiffsdaten melden:

Schiffsname, Funkrufzeichen, augenblickliche Position in der Nordsee, Abmessungen (Länge, Breite, Tiefgang), Bruttoraumzahl (BRZ), Abgangshafen (z.B. Antwerpen, Rotterdam u.a.) und Bestimmungs- bzw. Zielhafen (z.B. Hamburg).

5. Gibt es einen Zusammenhang zwischen der Liegeplatzanmeldung in Hamburg und der Meldepflicht in der Nordsee?

Ja! Denn nachdem die Nautische Zentrale in Hamburg auch die Verkehrszentrale in Wilhelmshaven über die Liegeplatzgenehmigung informierte, werden dort die Schiffsdaten aus Hamburg mit den Daten des Schiffes verglichen, das in die Deutsche Bucht hineinfahren will. Nach dem Datenabgleich informiert die Verkehrszentrale ›German Bight Traffic‹ die Verkehrszentrale in Cuxhaven, Brunsbüttel und die Nautische Zentrale in Hamburg, daß für das Schiff eine Liegeplatzgenehmigung für den Hamburger Hafen vorliegt. Liegt bei ›German Bight‹ keine Liegeplatzgenehmigung aus Hamburg vor, muß das Schiff so lange warten (auf Reede gehen), bis der Liegeplatz geklärt ist. Ist der Liegeplatz geklärt, kann das Schiff seine Fahrt nach Hamburg fortsetzen und gerät damit in eines der weltweit besten Verkehrssicherungssysteme für die Schiffahrt.

6. Werden alle Seeschiffe von der Nordsee bis in den Hamburger Hafen von Radarstationen erfaßt?

Ja! Denn jeder Verkehrszentrale stehen Radarstationen zur Verfügung, mit denen der Schiffsverkehr in ihrem Revier beobachtet wird und gelenkt werden kann. Die Radarinformationen werden mehrmals täglich von den Verkehrszentralen in Form von Lageberichten auf den neuesten Stand gebracht, die die aktuelle Schiffsverkehrssituation in dem jeweiligen Revier wiedergeben und Kapitänen und Lotsen zur Verfügung stehen.

Folgende Radarstationen sind Teil des Verkehrssicherungssystems Elbe:

Deutsche Bucht (German Bight Traffic), Wilhelmshaven:

Zur Beobachtung und Lenkung des Schiffsverkehrs in der Deutschen Bucht steht dieser Verkehrszentrale eine Weitbereichs-Radaranlage auf Helgoland zur Verfügung, mit der alle Schiffe erfasst werden, die dieses Revier ansteuern, ob von Norden, an Dänemark

Verkehrszentrale Brunsbüttel mit Radarturm

vorbei, oder südwestlich das Fahrwasser zwischen England und dem Festland (Frankreich, Belgien, Holland) befahren, um die Elbmündung sicher zu erreichen.

Elbmündung (Cuxhaven Elbe Traffic), Cuxhaven:

Der Verkehrszentrale in Cuxhaven stehen Radarinformationen folgender Radarstationen zur Verfügung, um den Schiffsverkehr zu überwachen, zu lenken und stündliche Lageberichte Kapitänen und Lotsen zur Verfügung zu stellen: Scharhörn, Neuwerk, Cuxhaven und Belum.

Elbe: Brunsbüttel bis Hamburg (Brunsbüttel Elbe Traffic):

Die Verkehrszentrale in Brunsbüttel verfügt über Informationen von acht Radarstationen, die die Schiffsbewegungen auf der Elbe erfassen: Brunsbüttel 1 und 2, St. Margarethen, Freiburg, Rhinplatte, Pagensand, Hetlingen und Wedel. Auch hier werden die Radarinformationen zu aktuellen Lageberichten verdichtet, die jederzeit von der Schiffsführung abrufbar sind.

Im Hamburger Hafen hat die Nautische Zentrale (Verkehrszentrale) jederzeit Zugang zu den Informationen von insgesamt 15 Radarstationen, mit der alle Schiffsbewegungen im Hamburger Hafen erfaßt werden. Es werden nicht nur Schiffe erfaßt, die den Hafen anlaufen (sogenannte ›Aufkommer‹) und nach kurzem Aufenthalt wieder verlassen (›Abgänger‹), sondern auch jene Schiffe, die innerhalb des Hafens verschiedene Kaianlagen ansteuern, um ent- und beladen zu werden, im Hafen ›Verholer‹ genannt. Aber auch die Schiffe, die an Kaianlagen liegen, um be- und entladen zu werden, sogenannte ›Hafenlieger‹, werden vom Radar erfaßt.

7. Wie werden die einzelnen Schiffe auf dem Radarbild identifiziert?

Jedes Schiff, das die Deutsche Bucht ansteuert und sich rechtzeitig bei der Verkehrszentrale in Wilhelmshaven (German Bight Traffic) gemeldet hat, erhält für dieses und jedes weitere Revier eine Identifikationsnummer – auch Mitlaufzeichen genannt –, das mit dem Schiffsnamen auf dem Bildschirm erscheint.

Radarbild: Schiff mit Identifikationsnummer (Mitlaufzeichen)

Nautische Zentrale mit Lotsenstation und SMD-Zentrale (Seemannshöft)

Aufkommer mit Bug- und Heckschlepper

Abgänger

Radarturm im Hamburger Hafen. Mit Radarstationen werden alle Schiffsbewegungen in der Deutschen Bucht, auf der Elbe und im Hamburger Hafen überwacht.

> In der Elbmündung, wo früher das bemannte Feuerschiff ELBE 1 lag, liegt seit einigen Jahren die unbemannte Leuchttonne ›Elbe‹, die mit einem Radarantwortsystem ausgerüstet ist, das jedem Schiff die Ansteuerung der Elbmündung erleichtert.

Aufgrund dieser Informationen ist jedes Schiff identifizier- und verfolgbar und kann über das individuelle Funkrufzeichen direkt angesprochen werden. Außerdem wissen die Nautiker in den Verkehrszentralen, wo sich welches Schiff gerade befindet. Ergänzt werden diese Informationen durch sogenannte ›Reviereintritts- und Passagemeldungen‹ des Kapitäns oder Lotsen.

8. *Was sind Reviereintritts- und Passagemeldungen?*
Reviereintrittsmeldungen:

Neben der Meldepflicht bei ›German Bight Traffic‹ ist die Schiffsführung verpflichtet, sich vor dem Einlaufen in das jeweils nächste Schiffsrevier bei der zuständigen Verkehrszentrale zu melden (Schiffsname und Position, Tiefgang, Geschwindigkeit).

Schiffsrevier	Verkehrszentrale (VKZ)	Lotse (oder Kapitän)
Deutsche Bucht	VKZ Wilhelmshaven – Meldepflicht – (German Bight Traffic)	Kapitän
Elbmündung	VKZ Cuxhaven (Cuxhaven Elbe Traffic)	Seelotse
Elbe: Brunsbüttel bis Hamburg	VKZ Brunsbüttel (Brunsbüttel Elbe Traffic)	Seelotse/Elblotse
Hamburger Hafengrenze	VKZ Nautische Zentrale (Hamburg Port Traffic)	Elblotse
Im Hamburger Hafen	VKZ Nautische Zentrale (Hamburg Port Traffic)	Hafenlotse

Aufgrund dieser Reviereintrittsmeldungen durch die Lotsen (oder Kapitäne) wird jede Verkehrszentrale – trotz Radarinformationen – über die Ankunft eines Seeschiffes in ihrem Revier durch den Lotsen persönlich informiert. Ein Kontakt, mit dem die Zusammenarbeit zwischen der Schiffsführung und der jeweiligen VKZ beginnt. So bleiben Lotse auf dem Schiff und Nautiker in der jeweiligen Ver-

Elblotse auf der Brücke

kehrszentrale im ständigen Funkkontakt, um das Schiff sicher durch das Revier zu führen.

Passagemeldungen:

Ergänzt werden die Reviereintrittsmeldungen durch Passagemeldungen der Lotsen (oder Kapitäne), sobald das Schiff meldepflichtige Positionen in der Elbmündung, auf der Elbe und im Hamburger Hafen passiert.

Die erste Passagemeldung ist von besonderer Bedeutung für den Hamburger Hafen: Tonne ›Elbe‹ (Elbe One)

In der Elbmündung, wo früher das bemannte Feuerschiff ELBE 1 lag, um den ein- und auslaufenden Schiffen Orientierungshilfe für das Fahrwasser zu geben, liegt seit einigen Jahren die unbemannte Leuchttonne ›Elbe‹ (Seekarte: Elbe Racon), die mit einem Radarantwortsystem ausgerüstet ist, das jedem Schiff die Ansteuerung der Elbmündung erleichtert.

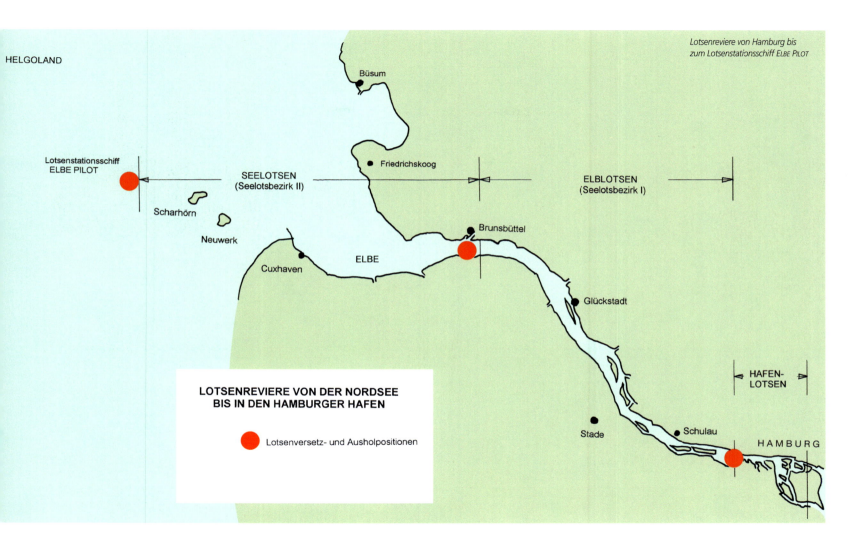

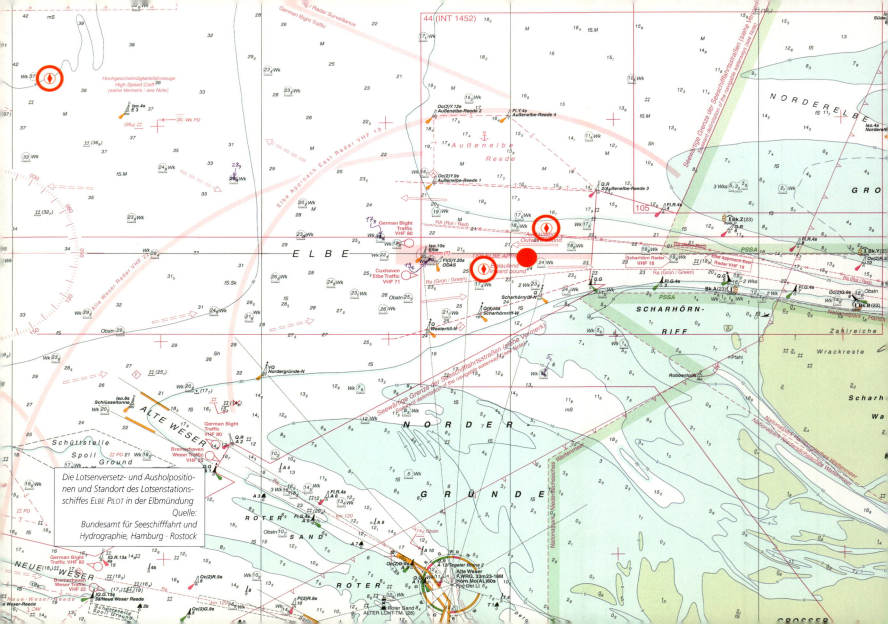

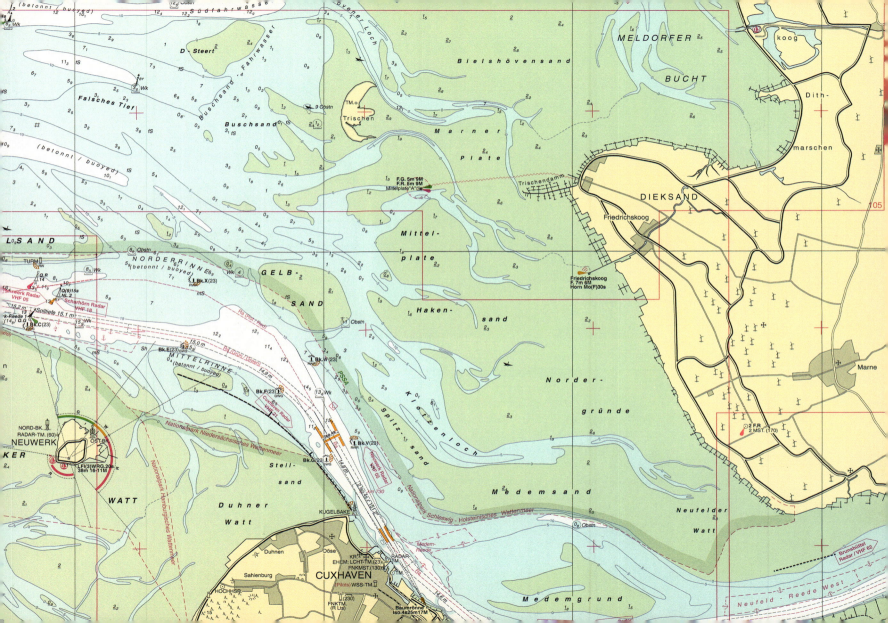

Das Lotsenstationsschiff ELBE PILOT

Containerschiff von der Nordsee kommend

Eineinhalb Seemeilen südöstlich liegt das Lotsenstationsschiff ELBE PILOT, von dem aus die Seelotsen an Bord aufkommender Schiffe gehen (siehe: Seelotsen, S. 28)

Die Schiffsführung jedes von See kommenden Schiffes ist verpflichtet, der zuständigen VKZ (Cuxhaven Elbe Traffic) mitzuteilen, zu welchem Zeitpunkt ihr Schiff Tonne ›Elbe‹ passiert hat. Gleichzeitig wird der Schiffsmeldedienst in Cuxhaven informiert, der mit der Zentrale in Hamburg verbunden ist.

Die Passagemeldung Tonne Elbe – inklusive Schiffsname und Schiffsdaten – wird von der VKZ Cuxhaven an die nautischen Kollegen in Brunsbüttel (Brunsbüttel Elbe Traffic) und an die Verkehrszentrale/Nautische Zentrale in Hamburg (Hamburg Port Traffic) elektronisch weitergeleitet.

Weitere Passagemeldungen auf dem Weg nach Hamburg sind:
Cuxhaven	Seelotse an VKZ Cuxhaven und SMD
Brunsbüttel	Elblotse an VKZ Brunsbüttel und SMD
Glückstadt	Elblotse an VKZ Brunsbüttel
Stade	Elblotse an VKZ Brunsbüttel
Wedel/Tinsdal	Revieraustrittsmeldung: Elblotse an VKZ Brunsbüttel
	Reviereintrittsmeldung: Elblotse an VKZ Hamburg
	(Hamburg Port/Nautische Zentrale)

9. Warum sind Reviereintritts- und Passagemeldungen für den Hamburger Hafen wichtig?

Alle Reviereintritts- und Passagemeldungen werden in das ›Datenverbund-System Elbe‹ eingegeben, das alle Hafenbehörden und Dienstleister präzise informiert, zu welcher Stunde das Schiff Tonne ›Elbe‹, Cuxhaven etc. passierte und den Hamburger Hafen erreichen wird.

Über den ›Datenverbund Elbe‹ werden folgende Hafenbehörden und Institutionen über die Ankunft des Schiffes informiert:
- Nautische Zentrale (Port Authority, Hamburg)
- Hafenlotsenstation
- Wasserschutzpolizei
- Zoll
- Hafenärztlicher Dienst
- Strom- und Hafenbau
- Schiffsmeldedienst u.a.

Der Schiffsmeldedienst (SMD) wiederum bereitet die Daten für Firmen und Dienstleister im Hamburger Hafen auf, die sich auf die Ankunft des Schiffes vorbereiten und deshalb auf verlässliche Daten angewiesen sind. Zu den Kunden des SMD-Informationsservice gehören:

Bildschirminformation (SMD): In Kürze eintreffende Schiffe

- Schiffsagenten/-makler, Reedereien, Werften
- die Lotsenbrüderschaften (Hafen, Elbe I und II)
- Arbeitsgemeinschaft Schlepper (und Schlepperfirmen)
- Arbeitsgemeinschaft der Festmacher
- Kai- bzw. Umschlagbetriebe
- Entsorgungsfirmen
- Schiffsausrüster (Proviant und technische Produkte)
- Presse, Funk und Fernsehen u.a.

Wie aus dem Ausdruck des SMD zu erkennen ist, wissen die Empfänger, welches Schiff in Kürze im Hamburger Hafen eintreffen wird, wo es sich gerade befindet, woher es kommt (letzter Hafen, welcher Liegeplatz im Hamburger Hafen vorgesehen ist und wer der Ansprechpartner für das jeweilige Schiff ist (Reederei, Schiffsagent/Makler).

Außerdem informiert der Schiffsmeldedienst, welche Schiffe sich in Warteposition auf Reede liegen (Reede = Parkplätze für Schiffe) und darauf warten, bis der Liegeplatz im Hafen frei ist, oder aufgrund des Tiefgangs die Elbe erst mit der nächsten Flut bis nach Hamburg hinauffahren können.

10. Können alle Seeschiff von der Nordsee zu jeder Zeit den Hamburger Hafen anlaufen, ohne auf Ebbe und Flut zu achten?

Da der Hamburger Hafen ein Tidehafen ist, sind Ebbe und Flut wichtige Entscheidungskriterien für die Zufahrt von der Elbmündung bis Hamburg, insbesondere für tiefgängige Schiffe.

Allein im Hamburger Hafen beträgt der Höhenunterschied (Tidenhub) zwischen ›normalem‹ Niedrig- und Hochwasser 3 bis 4 m!, wobei starke östliche Winde den Niedrigwasserstand erheblich reduzieren und starke westliche Winde den Hochwasserstand dramatisch ansteigen lassen können.

Deshalb unterscheidet die Nautische Zentrale, die für die Sicherheit und Leichtigkeit der Schifffahrt im Hamburger Hafen zuständig ist, die Schiffe nach tideunabhängigen und tideabhängigen Schiffen.

Tideunabhängige Schiffe mit einem Tiefgang bis 12,80 m können den Hafen zu jeder Zeit, also auch bei (normalem) Niedrigwasser (Ebbe), anlaufen, wobei es für einzelne Hafenbecken und Liegeplätze besondere Hinweise gibt (Peildaten/Wassertiefen).

Tideabhängige Schiffe, deren Tiefgang darüber liegt, können die Elbe und den Hamburger Hafen nur mit der Flutwelle ansteuern und bis Hamburg hinauffahren. Der maximale Tiefgang für aufkommende Schiffe beträgt 15,1 m.

Sogenannte Tidefenster präzisieren minutengenau, in welchen Zeiträumen große Pötte die Elbe und den Hafen ansteuern dürfen, um zu verhindern, daß diese Schiffe aufgrund ihres Tiefgangs nicht auf Grund laufen.

Tidefenster gelten auch für tiefgängige Schiffe, die den Hafen verlassen wollen.

> Da der Hamburger Hafen ein Tidehafen ist, sind Ebbe und Flut wichtige Entscheidungskriterien für die Zufahrt von der Elbmündung bis Hamburg, insbesondere für tiefgängige Schiffe.

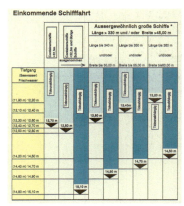

Höchsttiefgänge für einkommende Schiffe für den Hamburger Hafen
Quelle: Nautische Zentrale

> Seit Januar 2006 ist der offizielle Tidenhub auf 3,63 m festgelegt.

17

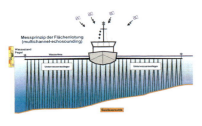

Das hydrographische Vermessungssystem DEEPENSCHRIEWER II
Quelle: Peil- und Vermessungsdienst

DEEPENSCHRIEWER II mit Echolotauslegern

11. Informiert die Nautische Zentrale die Lotsenstationen täglich über Schiffe, die im Hamburger Hafen erwartet, und jene, die den Hafen verlassen werden?

Ja!, weil die Sicherheit und Leichtigkeit des Schiffsverkehrs bereits in der Elbmündung beginnt, informiert die Nautische Zentrale über den Datenverbund Elbe die Hafenlotsenbrüderschaft Hamburg und die Lotsenbrüderschaft Elbe in Hamburg und die Lotsenstation Brunsbüttel und präzisiert damit die Einsatzplanung der Hafen-, Elb- und Seelotsen.

12. Muß jedes Schiff, das von der Elbmündung den Hamburger Hafen ansteuert, von Lotsen beraten werden‹?

Ja, bis auf wenige Ausnahmen.

Neben der Meldepflicht (siehe Fragen 4 und 5, S. 10) besteht/gilt auch eine Lotsenannahmepflicht für:

- Öl-, Gas-, Chemikalientanker und Massengutschiffe
- alle übrigen Schiffe ab 90 m Länge, 13 m Breite und/oder einem Tiefgang über 6,50 m

Vor und in der Elbmündung berät der Seelotse die Schiffsführung von dem Standort des Lotsenstationsschiffes ELBE PILOT bis Brunsbüttel, wo er von einem Kanallotsen, der sich auf das Schiffsrevier Nordostseekanal spezialisiert hat, oder von einem Elblotsen abgelöst wird, der die Schiffsführung bis zur Hamburger Hafengrenze (Wedel/Tinsdal) beratend begleitet.

In Höhe Flugzeugwerft Airbus übernimmt der Hafnlotse die Navigationsberatung, um jedes Schiff sicher in den Hamburger Hafen und an die Kaianlage, gelegentlich auch in die Docks zu führen, wobei Schlepper bei größeren Schiffen hilfreich assistieren.

See-, Elb- und Hafenlotsen tragen durch ihre beratende Tätigkeit wesentlich zur Sicherheit des Schiffsverkehrs in der Elbmündung, auf der Elbe und im Hamburger Hafen bei.

Nach der Hafenlotsordnung (Stand Oktober 2003, § 3 Absatz 3) kann die Schiffsführung von der Lotsenannahmepflicht befreit werden, wenn sie innerhalb der letzten zwölf Monate die Elbe und den Hamburger Hafen mit Lotsenberatung bereits sechsmal befahren hat, das Schiff nicht länger als 120 m ist und der Käpitan eine Prüfung bei der Port Authority abgelegt hat. Die Lotsbefreiung gilt für zwölf Monate und kann auf Antrag um jeweils zwölf Monate verlängert werden.

13. Werden die Lotsen und die Hafenwirtschaft informiert, ob sich die Wassertiefen im Elbefahrwasser und in den Hafenbecken durch Ebbe und Flut verändert haben?

Ja! Dazu folgendes Beispiel aus dem Hamburger Hafen (siehe auch S. 9):

Um die amtlich festgelegten Wassertiefen zu überprüfen, sind täglich Peilboote – sogenanntne ›Deepenschriewers‹ des Peil- und Vermessungsdienstes – unterwegs, die die aktuellen Wassertiefen überprüfen und dokumentieren.

Das heißt, diese Peilboote tasten die ›Gewässersohle‹ (den Grund) elektronisch ab und dokumentieren die Ergebnisse in

Form von Peilplänen, in denen die aktuellen Wassertiefen ersichtlich sind.

Die regelmäßige Vermessung der Gewässersohlen ist deshalb wichtig, weil sich täglich große Mengen an Schwebstoffen im Fahrwasser der Elbe und in den Hafenbecken ablagern, wodurch sich die Wassertiefen ständig verändern, die erst durch Baggerarbeiten wieder korrigiert werden.

Aber nicht nur die Lotsen, sondern auch die Kaibetriebe, Schiffsmakler und Reedereien wollen wissen, wieviel Tiefgang der Schiffe möglich ist, um deren Frachtraum (Ladungskapazität) optimal zu nutzen.

Und da die Nautische Zentrale in Hamburg Empfänger dieser Daten (Wassertiefen) ist, informiert sie Hafen-, Elb- und Seelotsen, Reedereien, Schiffsmakler und Kaibetriebe über die neuesten Peildaten, die durch detaillierte Liegeplatz-Wassertiefen ergänzt werden.

14. Dürfen sich besonders große und breite Schiffe auf der Elbe begegnen?

Auf dem Revier der Unterelbe zwischen der Landesgrenze und der Störmündung besteht ein Begegnungsverbot für Großschiffe, deren addierte Schiffsbreite 90 m oder mehr beträgt. Aufgrund dieser Begegnungsbeschränkung müssen die Kaibetriebe die Abgangszeiten von Großschiffen mit der Nautischen Zentrale abstimmen.

Dazu folgende Bemerkung:

Großschiffe, die die Elbe Richtung Hamburger Hafen elbaufwärts fahren, haben freie Fahrt, während gleich große Pötte, die den Hafen verlassen wollen, warten müssen, bis eine Begegnung auf breiterem Fahrwasser möglich ist.

15. Gibt es Vorfahrtsregeln auf der Elbe und im Hamburger Hafen?

Ja! Seeschiffe, die das Hauptfahrwasser der Elbe befahren, haben Vorfahrt vor Schiffen, die aus Nebenflüssen, Hafenbecken oder aus dem Nord-Ostsee-Kanal kommen. Und: Die Berufsschiffahrt hat Vorfahrt vor der Sportschiffahrt.

Baggerschiff auf der Unterelbe (Saugbagger/Hopperbagger)

Seeschiffe, die das Hauptfahrwasser der Elbe befahren, haben Vorfahrt vor Schiffen, die aus Nebenflüssen, Hafenbecken oder aus dem Nord-Ostsee-Kanal kommen.

Die Lotsen
In der Elbmündung, auf der Elbe und im Hamburger Hafen

Die Lotsenbrüderschaft Elbe, Teufelsbrück, Elbchaussee 330 (rechts im Bild)

> Der Lotse ist erfahrener Kapitän und für das Navigieren und Manövrieren von Seeschiffen in seinem Lotsrevier speziell geschult und trainiert.

Die Lotsenstation Brunsbüttel

> Voraussetzung für die Zulassung zum Lotsenanwärter ist das Kapitänspatent aller Schiffsgrößen und eine Mindestfahrzeit von zwei Jahren als Kapitän oder nautischer Offizier.

Das Berufsbild der Lotsen

Nach Auskunft des Bundesverbandes der See- und Hafenlotsen, Bremerhaven, »ist der Lotse ein qualifizierter Berater des Kapitäns«.

»Er ist erfahrener Kapitän und für das Navigieren und Manövrieren von Seeschiffen in seinem Lotsrevier speziell geschult und trainiert.«

»Er hat im Rahmen seiner Beratung die Sicherheit und Leichtigkeit der Schifffahrt, den Schutz der Umwelt und die Abwehr von Gefahren zu berücksichtigen.«

»Die für ein Lotsrevier bestallten Lotsen bilden eine Lotsenbrüderschaft …«

In der ›Hafenlotsenbrüderschaft Hamburg, Seemannshöft, Bubendeyweg 33, sind die Hafenlotsen organisiert (siehe Abbbildung S. 11).

Für das Revier Elbe von Hamburg bis zur Außenposition Tonne ›E 3‹ (südöstlich Helgoland) sind die Seelotsen in der Lotsenbrüderschaft Elbe, Elbchaussee 330 (Teufelsbrück) zusammengeschlossen.

Dieses Seelotsrevier ist in zwei Lotsbezirke aufgeteilt: Lotsbezirk I: Hamburg–Brunsbüttel–Hamburg (Elblotsen) und Lotsbezirk II: Brunsbüttel bis Außenposition Tonne ›E 3‹. Zu ergänzen ist, daß für den Lotsbezirk II die Seelotsen von der Lotsenstation Brunsbüttel eingesetzt werden, um auslaufende Schiffe und einlaufende Schiffe zu beraten.

Beruflicher Werdegang zum Lotsen

Voraussetzung für die Zulassung zum Lotsenanwärter ist das Kapitänspatent aller Schiffsgrößen und eine Mindestfahrzeit von zwei Jahren als Kapitän oder nautischer Offizier (Bewerbungsgrundlage). Dazu gehört auch ein psychologischer Test und ein seeärztliches Zeugnis, in dem u.a. das volle Hör-, Seh- und Farbunterscheidungsvermögen beurteilt wird!

Nach bestandener Prüfung vor der zuständigen Aufsichtsbehörde (für Seelotsen auf der Elbe ist die Wasser- und Schifffahrtsdirektion Nord, Kiel, zuständig), muß der Lotsenanwärter als Aspirant eine achtmonatige revierbezogene, theoretische und praktische Ausbildung bei einer Lotsenbrüderschaft absolvieren. Diese Ausbildung wird von erfahrenen Lotsen begleitet.

Am Ende der Ausbildung erfolgt eine Prüfung vor der Aufsichtsbehörde (für Hafenlotsen ist die Port Authority, Baumwall 7 in

Hamburg zuständig). Hat der Lotsenanwärter/Aspirant die Prüfung bestanden, bekommt er seine Bestallung als Lotse ausgehändigt.

Nach der Bestallung beginnt seine Tätigkeit im Revier mit der Lotsberatung.

Innerhalb der ersten fünf Berufsjahre unterliegt der Lotse einer mehrstufigen Schiffsgrößenbeschränkung. Er beginnt seine Lotsentätigkeit zunächst mit kleineren Schiffen, bis er auch Kapitäne größerer Pötte beraten darf. Danach endet die Ausbildung – und der Hafenlotse ist für alle Schiffsgrößen einsetzbar.

Leuchtturm bei Blankenese

Navigations- und Orientierungshilfen für die Lotsung von Seeschiffen

Um ein Schiff in der Elbmündung, auf der Elbe und im Hamburger Hafen sicher navigieren und manövrieren zu können, sind Lotsen auf bordseitige und bordferne Informationen angewiesen.

Zu den bordseitigen Navigations- und Orientierungshilfen gehören zunächst die Informationen der ›Pilot Card‹ (Lotseninformationskarte), die jedem Lotsen vom Kapitän ausgehändigt wird, sobald er die Kommandobrücke eines Schiffes erreicht hat und die Navigationsberatung übernimmt.

Pilot Card Die Pilot Card, einem Kfz-Brief vergleichbar, enthält u.a. folgende Informationen für den Lotsen:
- Schiffsname und Funkrufzeichen
- Länge, Breite, BRZ und Tiefgang
- Maschinenleistung in PS
- Geschwindigkeit in den einzelnen Fahrstufen
- Ruderanlage (Typ und maximale Stellung (z.B.: 45°)
- Bugstrahlruder (Leistung in PS)
- Länge der Ankerkette

Wichtiger jedoch sind Informationen über die Fahr- und Manövriereigenschaften des Schiffes während der Fahrt. Der Lotse will wissen, wie schnell das Schiff auf Kurs- und Geschwindigkeitsänderungen reagiert, wieviel Wasser unter'm Kiel ist und wie ein Schiff in stürmischen Situationen und bei langsamer Fahrt sicher zu führen ist. Wichtig ist auch der Zeitraum, den die Rudermaschine benötigt, um das Ruder von ›hart Backbord‹ nach ›hart Steuerbord‹ zu drehen. Das kann bis zu 40 Sekunden dauern. So muß bei hart Steuerbord oder hart Backbord auf Mittschiffs mit 20 Sekunden gerechnet werden, – ein Zeitraum, der jedem Lotsen wie eine Ewigkeit vorkommt.

Navigationshilfen auf der Kommandobrücke Auf die Frage, welche Informationen auf der Kommandobrücke für die Lotsung wichtig (oder weniger wichtig) sind, erhält man von Lotsen folgende Antworten:

Seekarten Unwichtig für die Lotsung (Seekarte ›im Kopf‹); nur wichtig für Kurseintragungen und zurückgelegte Fahrstrecken seitens der Schiffsführung.

Schiffsnautiker überträgt Kurse und Fahrstrecken in die Seekarte

21

Elektronische Seekarten

Radarbild

> Die Radarinformationen sind bei schlechter Sicht eine unentbehrliche Navigationshilfe, wenn Fahrwassertonnen, Richtfeuer und Leuchtfeuer nicht mehr zu erkennen sind.

> Der Ruderlageanzeiger zeigt die aktuelle Lage/Stellung des Schiffsruders an, mit der das Schiff gesteuert bzw. der Kurs gehalten wird.

Elektronische Seekarten

(Satellitengesteuertes Navigationssystem): Wichtig bei verminderter Sicht in der Elbmündung, auf der Elbe und im Hamburger Hafen. Aber auch, wenn die Schiffsführung – ohne Lotsenberatung – in der Elbmündung einen Ankerplatz (Reede) aufsucht, um zu parken, bis der Liegeplatz in Hamburg frei ist, oder orkanähnliche Witterungsbedingungen abgeflaut sind. Tiefgängige Schiffe warten dort oft auf die Flut, mit der sie die Elbe hinauffahren können.

Radarbild-Informationen

Die Radarinformationen sind bei guter Sicht tagsüber und nachts zwar wichtige, ergänzende Orientierungs- und Navigationshilfen, bei schlechter Sicht jedoch (Nebel etc.) eine unentbehrliche Navigationshilfe, wenn Fahrwassertonnen, Richtfeuer und Leuchtfeuer kaum oder nicht mehr zu erkennen sind. Dazu folgende Bemerkung: Jeder Lotse überprüft die Anzeigequalität des Schiffsradars, sobald er an Bord, auf der Kommandobrücke ist, weil er weiß, daß nicht nur veraltete Radaranlagen zu Schiffsunfällen geführt haben.

Ruderlageanzeiger

Der Ruderlageanzeiger zeigt die aktuelle Lage/Stellung des Schiffsruders an, mit der das Schiff gesteuert bzw. der Kurs gehalten wird. Liegt das Ruder mitschiffs (englisch: midship), also in Längsrichtung des Schiffes, zeigt der Zeiger auf Null. Fährt das Schiff nach Steuerbord (nach rechts), wandert der Zeiger in den grünen Bereich; wird nach Backbord (nach links) gesteuert, bewegt sich der Zeiger in den roten Bereich.

Ruderlageanzeiger (Rudder Angle Indicator)

Geschwindigkeitsanzeiger

Auf jedem Schiff gibt es zwei Geschwindigkeitsanzeigen: Geschwindigkeit ›durch's Wasser‹ (Water Speed) und Geschwindigkeit ›über Grund‹ (Speed

Geschwindigkeitsanzeiger ›durch's Wasser‹ (Water Speed) und ›über Grund‹ (Ground Speed)

over Ground). Der Unterschied besteht darin, ob ein Schiff mit der Flut elbaufwärts fährt oder gegen das ablaufende Wasser (Ebbe) anfahren muß (und umgekehrt). Dazu folgendes Beispiel:

Fährt ein Schiff mit 15,5 Knoten (28 Km/h) durch's Wasser, aber gegen den Strom, der mit einer Geschwindigkeit von 3,5 Knoten dem Schiff entgegenkommt (Ebbe), fährt es nur 12 Knoten über Grund.

Oder: Ein Schiff fährt mit ablaufend Wasser (Ebbe) mit einer Geschwindigkeit von 14 Knoten durch's Wasser, aber aufgrund der Strömungsgeschwindigkeit (3,5 Knoten) mit 17,5 Knoten über Grund! Die Geschwindigkeit über Grund ist also die tatsächlich zurückgelegte Fahrstrecke – ob mit oder gegen die Strömung. Eine Information, die für See-, Elb- und Hafenlotsen sehr wichtig ist.

Kursanzeiger

Der Kursanzeiger gehört zu den wichtigsten Navigationsinstrumenten eines Schiffes und wird jederzeit von den Lotsen kontrolliert. Denn jeder Lotse muß wissen, ob seine Kursanweisungen, die in Englisch formuliert und vom Schiffsoffizier wiederholt werden, auch korrekt ausgeführt wurden.

Echolot

Das Echolot ist ein Gerät zur Messung der Wassertiefe. Für die Schiffsführung eine wichtige Informationsquelle, die permanent

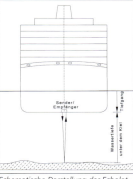

Schematische Darstellung der Echolotfunktion (Zeichnung H. J. Meggers)

Kursanzeiger

Auskunft darüber gibt, wieviel Wasser zwischen Schiffsboden (Kiel) und dem Grund des Fahrwassers vorhanden ist.

Bugstrahlruder

(Bow thruster/Bow rudder)

Das Bugstrahlruder, auch Bugstrahler genannt, besteht aus einem oder zwei Propeller, die im vorderen Bereich des Schiffes (Bug) unterhalb der Wasserlinie in einem Tunnel in den Schiffskörper eingebaut sind und das Manövrieren im Hafen erheblich erleichtern.

Aufgrund der Antriebskraft von 800 PS (bei kleineren Schiffen) bis zu 4.000 PS (!) bei großen Containerschiffen kann der Bugstrahler Wassermengen an einer Seite des Schiffes ansaugen und mit hoher Geschwindigkeit an der anderen Bordwandseite wieder ausstoßen (ausstrahlen) und damit den vorderen Teil des Schiffes nach Back- oder Steuerbord drücken. Deshalb sprechen Kapitäne, Lotsen und Schiffsingenieure auch von ›Querstrahlern‹.

Kleinere Seeschiffe, die mit einem Bugstrahler ausgestattet sind, haben daher den Vorteil, daß sie beim An- und Ablegen von Kaianlagen keine Schlepperhilfe benötigen (Schlepperkosten sparen!). Falls dennoch ein Schlepper an der Bugspitze erforderlich ist, kann ein Bugstrahler das Schleppmanöver hilfreich ergänzen. Und das gilt auch beim Ein- und Ausdocken von Schiffen in die Docks von Blohm + Voss.

Bugstrahler/Bugstrahlruder bzw. Querstrahler sind deshalb für Hafenlotsen sehr wichtig, da diese Manövrierhilfe besonders effektiv ist, wenn das Schiff keine Fahrt mehr hat. Zu ergänzen ist,

Echolotinformation (Digitalanzeige: 4,3 m Wasser unter dem Kiel)

> Die Geschwindigkeit über Grund ist die tatsächlich zurückgelegte Fahrstrecke, – ob mit oder gegen die Strömung.

> Das Echolot ist ein Gerät, das Auskunft darüber gibt, wieviel Wasser zwischen Schiffsboden (Kiel) und dem Grund des Fahrwassers vorhanden ist.

Bugstrahler (Schiff im Dock von Blohm + Voss)

Bugstrahlerzeichen oberhalb der Wasserlinie. Darunter die Bugstrahleröffnung

Bugstrahlersymbol

Schiffe, die mit einem Bugstrahler ausgestattet sind, haben oberhalb der Wasserlinie ein Bugstrahlersymbol.

daß die meisten Bugstrahler keine Wirkung mehr haben, wenn das Schiff schneller als 4 Knoten (7,2 km/h) fährt.

Schiffe, die mit einem Bugstrahler ausgestattet sind, haben oberhalb der Wasserlinie ein Bugstrahlersymbol/Markierung (siehe Abbildung). Eine Markierung, die auch für den Schlepperkapitän sehr wichtig ist. Ergänzend sei erwähnt, daß Fähren, Passagierschiffe – auch einige Container, Tankschiffe und Massengutfrachter – zusätzlich mit ›Heckstrahlern‹ ausgerüstet sind, um An- und Ablegemanöver zu erleichtern.

Bugstrahlersymbol oberhalb der Wasserlinie

Bordferne Orientierungs- und Navigationshilfen

Da Lotsen nicht nur auf die Steuerungs- und Informationshilfen auf der Kommandobrücke, sondern auch auf bordferne Orientierungshilfen angewiesen sind, die die Fahrwasserbreite und die Fahrwassermitte markieren, seien die wichtigsten Navigations- und Orientierungshilfen kurz beschrieben:

- Fahrwassertonnen
- Richtfeuertürme und Richtfeuer
- Leuchttürme und Leuchtfeuer
- Landmarken

Allgemeine Information:

Die Wasser- und Schiffahrtsverwaltung des Bundes betreibt und unterhält alle Schiffahrtszeichen an den Bundeswasserstraßen, zu der auch die Elbe und die Nordseeküste gehören. Die Schiffahrtszeichen, die Verkehrsschilder der Wasserstraßen, enthalten Gebote, Verbote, Warnungen und Hinweise, die die Schiffsführung, also auch der Lotse, zur Aufrechterhaltung der Sicherheit und Leichtigkeit des Schiffsverkehrs zu beachten hat.

Fahrwassertonnen

Fahrwassertonnen gehören zu den wichtigsten bordfernen Orientierungshilfen für Kapitäne und Lotsen. Sie kennzeichnen die Fahrwasserbreite von der Elbmündung bis in den Hamburger Hafen.

In der Elbmündung beginnt die beiderseitige Betonnung des Fahrwassers ca. 20 Seemeilen (36 Kilometer) westlich vor Cuxhaven, zwischen dem Standort des Lotsenstationsschiffes ELBE PILOT und dem westlichen Teil des Scharhörnriffs (siehe Seekarte).

Von der Nordsee kommend sind auf der Steuerbordseite (rechts) grüne und auf der Backbordseite (links) rote Fahrwassertonnen verankert. Ergänzt werden die Tonnen in der Außenelbe durch rot-weiße und grün-weiße Radarbaken mit Buchstabenkennung, die bei unsichtigem Wetter und schwerem Sturm eine gute Navigationshilfe sind, besonders dann, wenn im Winter bei Eisgang einige Tonnen durch kleinere, unbefeuerte Tonnen ersetzt werden.

Diese Fahrwasserorientierung wird durch die Numerierung der einzelnen Tonnen ergänzt und beginnt mit der Nummer 1 für die erste, grüne Steuerbordtonne und mit der Nummer 2 für die erste rote Backbordtonne auf der nördlichen Fahrwasserseite in der Elbmündung. Die grünen Fahrwassertonnen sind also mit ungeraden Nummern und die roten Tonnen mit geraden Zahlen kenntlich gemacht und auf der Seekarte eingetragen; eine Orientierungshilfe, die weltweit üblich ist. Von Tonne 1 (Elbmündung) bis zur Hamburger Hafengrenze, in Höhe Kraftwerk Wedel/Tinsdal, sind 125 grüne steuerbordseitige Tonnen und 124 rote Fahrwassertonnen auf der Backbordseite verankert.

Die Numerierung der einzelnen Fahrwassertonnen hat den Vorteil, daß jeder Lotse (und revierkundige Kapitän) aufgrund der einzelnen Tonnennummer weiß, auf welcher Position sich sein Schiff gerade befindet. Eine Informationsquelle, die für die Sicherheit und Leichtigkeit des Schiffsverkehrs sehr wichtig ist.

Trotz präziser Radarüberwachung durch die jeweils zuständige Verkehrszentrale, die permanent informiert ist, wo sich welches Schiff auf dem Elbefahrwasser befindet (Schiffsname und Mitlaufzeichen auf dem Radarschirm), sind Positionsmeldungen des Lotsen bei Reviereintritts- und Passagemeldungen eine wichtige Ergänzung. Außerdem weiß jeder Lotse, der ein Schiff elbaufwärts navigiert/berät, bei welcher Tonne er die Lotsenstation in Brunsbüttel (Elblotse löst Seelotsen ab) bzw. die Hafenlotsenstation in Hamburg (Hafenlotse löst Elblotsen ab) zu informieren hat, damit der jeweilige Lotsenwechsel 20 bis 30 Minuten vorher präzise geplant und vorbereitet werden kann.

Fahrwassertonne und Radarbake in der Elbmündung

Fahrwassertonnen kennzeichnen die Fahrwasserbreite von der Elbmündung bis in den Hamburger Hafen.

Links: Rote Fahrwassertonne Höhe Teufelsbrück/Jenischpark
Mitte und rechts: Fahrwassertonnen mit Tonnenwart

25

Fahrwassertonne auf dem Instandsetzungsgelände der Stackmeisterei Finkenwerder, eingerahmt die Radar-Reflektionsflächen

Ein Abgänger passiert die rote Fahrwassertonne vor Teufelsbrück

> Richtfeuertürme sind zwei hintereinander auf unterschiedliche Höhe errichtete Leuchttürme, die im gleichen Sekundentakt ein Lichtsignal aussenden. Wenn Ober- und Unterfeuer in senkrechter Linie übereinander stehen, befindet sich das Schiff im tiefsten Bereich des Fahrwassers.

Schiffes präzise bestimmen. Der Dämmerungsschalter wird überwiegend von einer Batterie gespeist, die zunehmend von einer Solaranlage ersetzt wird.

Basis dieser Lichtquelle sind Propangasflaschen, die in regelmäßigen Abständen ausgetauscht werden (siehe Abb. S. 25: Tonnenwart auf der Tonne). Außerdem geben die Fahrwassertonnen aufgrund ihrer Bauart gute Radarechos ab, die von dem Schiffsradar erfaßt werden und eine präzise Erkennung der jeweiligen Tonne auf dem Radarschirm kenntlich macht und die Positionsbestimmung des Schiffes präzisiert.

Bemerkung:
Sollte ein Schiff mit einer Fahrwassertonne kollidieren und sie beschädigen, kann die Reparatur oder der Ersatz 40.000 bis 50.000 Euro kosten.

Richtfeuer und Richtfeuertürme

Richtfeuertürme sind zwei hintereinander auf unterschiedliche Höhe errichtete Leuchttürme, die im gleichen Sekundentakt ein Lichtsignal aussenden (z.B. vier Sekunden hell – vier Sekunden dunkel).

Das von dem höher gelegenen Turm ausgestrahlte Lichtsignal ist das Oberfeuer, der kleinere Turm zeigt das Unterfeuer.

Wenn – von der Kommandobücke aus gesehen – Ober- und Unterfeuer in senkrechter Linie übereinanderstehen, in Deckung sind, zeigen sie dem Lotsen, daß sich das Schiff im tiefsten Bereich des

Damit die Fahrwassertonnen auch in der Dämmerung und nachts zu erkennen sind, ist jede Tonne mit einem Dämmerungsschalter, einem Lichtwertmesser, ausgerüstet, der, je nach Helligkeit des natürlichen Lichts, die Lichtquelle der Tonne (grün bzw. rot) ein- oder ausschaltet. Und da jede Tonne einen individuellen Blinkrhythmus hat (Kennung), kann der Lotse die Position des

Richtfeuertürme am Tag, in der Abenddämmerung und bei Nacht

Fahrwassers befindet. Eine optische Information, die nicht nur für tiefgängige Schiffe wichtig ist. Sie ist auch eine Orientierungshilfe bei Eisgang, wenn die Fahrwassertonnen durch unbeleuchtete Eistonnen ersetzt werden.

Im Hamburger Hafen sind insgesamt zwölf und entlang der Elbe bis Cuxhaven 17 Richtfeuer installiert.

Tagsüber, gute Sicht vorausgesetzt, ersetzen die Richtfeuertürme die Funktion der Ober- und Unterfeuer. Das gilt besonders für den Unterelbebereich zwischen Cuxhaven und dem Hamburger Hafen. Und da jeder Lotse sein Revier kennt und die Seekarte mit all ihren Informationen mental gespeichert hat, weiß er bei jeder Tonne und den Richtfeuertürmen (und Richtfeuer) zu jedem Zeitpunkt der Lotsung, wo sich das Schiff gerade befindet, und kann deshalb präzise Kurs- und Geschwindigkeitsempfehlungen an den diensthabenden Schiffsoffizier geben.

Sind Richtfeuer (und Tonnen) aufgrund schlechter Sicht nicht zu erkennen, fordert der Lotse Landradarberatung an. Außerdem kann Landradarberatung schiffahrts-polizeilich angeordnet werden. Das gilt besonders für sehr große Schiffe, Sonderfahrzeuge (z.B. Schleppzüge mit Bohrtürmen) oder Havaristen (beschädigte Schiffe, die mit Schleppern geschleppt werden).

Leuchttürme/ Leuchtfeuer

Während Leuchttürme tagsüber eher den Landmarken als Orientierungshilfe zuzuordnen sind, ergänzen sie in der Dunkelheit die leuchtenden Fahrwassertonnen und Richtfeuer, da sie aufgrund eines Lichtsektors (weißes Licht) den Lotsen den Fahrwasserbereich der Elbe kenntlich machen. Dazu gehört beispielsweise auch der Leuchtturm auf der Mole vor der Einfahrt zum Nord-Ostsee-Kanal in Brunsbüttel. Für See-, Elb- und Hafenlotsen sind diese Orientierungshilfen sehr hilfreich, besonders bei nächtlichen Fahrten. Im Hamburger Hafen sind alle Hafeneinfahrten mit Leuchtfeuer ausgestattet.

Landmarken

Im Vergleich zu den bordfernen Navigationshilfen (Fahrwassertonnen, Richtfeuer und Leuchttürme) sind Landmarken in der Elbmündung und entlang der Elbe zwar wichtige Orientierungshilfen für die Lotsen, aber für die präzise Navigation eines Seeschiffes unbedeutend.

In der Elbmündung sind z.B. der ehemalige Leuchtturm auf dem Großen Vogelsand auf der Nordseite der Elbe und wenige Seemeilen später das Vogelwärterhaus auf Scharhörn, der Leuchtturm und der Radarturm auf Neuwerk erste Landmarken auf der Südseite der Elbe, bis die Hochhäuser und Kirchtürme in Cuxhafen sichtbar werden. Zu den Landmarken gehören auch Kirchtürme, Industrieanlagen und Kraftwerke, Überlandleitungen, die die Elbe überqueren (Hettlingen), Flusseinmündungen, Elbinseln zwischen Glückstadt und Hamburg, Anlegestellen/Pontons etc.

Leuchtturm vor der Einfahrt zum Nord-Ostsee-Kanal, im Vordergrund Lotsenboot OSTERIFF

Bake in Cuxhaven

Leuchtturm auf dem nördlichen Elbufer mit roter Fahrwassertonne

27

Der Seelotse

Das Schiff ELBE PILOT ist die äußerste ›Lotsenstation‹ in der Elbmündung.

> Jedes lotsenpflichtige Seeschiff, das von der Nordsee die Elbmündung ansteuert, wird von einem Seelotsen beraten.

> Das Lotsenstationsschiff ELBE PILOT ist Ende und Anfang der Lotsung von Seeschiffen, die die Elbmündung Richtung Nordsee verlassen, und jenen, die von der Nordsee die Elbmündung ansteuern.

Jedes lotsenpflichtige Seeschiff, das von der Nordsee die Elbmündung ansteuert, wird von einem Seelotsen beraten, unabhängig davon, ob es durch den Nord-Ostsee-Kanal oder die Elbe aufwärts fahren wird (siehe Seekarte S. 14/15).

Das Revier der Seelotsen – Elbe-Lotsrevier II

Im Vergleich zu dem Elbe-Lotsrevier I (Hamburg–Brunsbüttel–Hamburg) erstreckt sich das Elbe-Lotsrevier II von Brunsbüttel bis südlich Helgoland (Tonne ›E 3‹).

Das ist die äußerste Versetzposition in der Elbmündung, wo Seelotsen von Bord auslaufender Schiffe gehen, ›ausgeholt‹ werden und an Bord einlaufender Schiffe ›versetzt‹ werden, um die Schiffsführung bis Brunsbüttel navigatorisch zu beraten.

Die Lotsenversetzpositon ›E 3‹ gilt für Seeschiffe, die aufgrund ihrer gefährlichen Ladung (Öl-, Gas- und Chemikalientanker) oder ihrer außergewöhnlichen Schiffsgröße (Massengutfrachter, aber auch große Kreuzfahrtschiffe, wie z.B. die QUEEN MARY 2), die auch wegen des hohen Tiefgangs (oder aus anderen Sicherheitsgründen) nicht in Küstennähe, sondern südlich von Helgoland fahren müssen! Außerdem liegt in unmittelbarer Nähe – westlich der Tonne ›E 3‹ – die ›Elbe Approach Reede‹, auf der tiefgängige Schiffe parken können, bis der Liegeplatz im Hamburger Hafen frei wird, oder nur mit der Flut die Elbe hinauffahren können – und dann ein Seelotse zur Verfügung stehen muß. Alle übrigen Seeschiffe, die die Elbmündung verlassen oder ansteuern, befahren das küstennahe Fahrwasser. Im Zentrum dieser ein- und auslaufenden Schiffahrtsstraßen liegt das Lotsenstationsschiff ELBE PILOT.

Das Lotsenstationsschiff ELBE PILOT

Diese schwimmende Lotsenstation sorgt dafür, daß Seelotsen, die von Brunsbüttel ›nach See‹ fahrende Schiffe begleitet haben, abgeholt (verholt) und für von der Nordsee kommenden Schiffe wieder eingesetzt (versetzt) werden, um sie durch das schwierige Revier der Elbmündung bis nach Brunsbüttel zu navigieren.

Das Lotsenstationsschiff ELBE PILOT (englisch: Pilot Station Ship) ist also Ende und Anfang der Lotsung von Seeschiffen, die die Elbmündung Richtung Nordsee verlassen, und jenen, die von der Nordsee die Elbmündung ansteuern.

Position des Lotsenstationsschiffes ELBE PILOT in der Nordsee

Ein Blick auf den Standort des Lotsenstationsschiffes zeigt, daß sich in diesem Seerevier zwischen Helgoland und Scharhörnriff auslaufende (outward bound) und einlaufende (inward bound) Schiffe auf engstem Raum begegnen.

Zu ergänzen ist, daß ELBE PILOT seinen Standort vor der Elbmündung nur dann verläßt, wenn Nordseestürme das Verholen und Versetzen von Seelotsen unmöglich machen, weil sonst Lebensgefahr für Lotsen und Decksmänner bestünde. Ab Windstärke 7 bis 8 verläßt das Lotsenstationsschiff seinen Standort, um in küstennahen Elbmündungsbereich (Tonne 9) den Lotsenservice fortzusetzen. Bei Windstärke 9 bis 10 zieht es sich auf Tonne 25 zurück; ab Windstärke 12 liegt es in Cuxhaven.

Ist kein Lotsenversetzdienst auf See möglich, werden die Kapitäne der Seeschiffe von Land aus von Seelotsen beraten. Dafür stehen in den Verkehrszentralen Wilhelmshaven, Cuxhaven und Brunsbüttel entsprechend ausgestattete Arbeitsplätze zur Verfügung, die eine verläßliche Landradarberatung gewährleisten.

ELBE PILOT und Lotsenboote

Wie auf jeder Lotsenstation üblich, verfügt auch diese schwimmende Lotsenstation über Lotsenboote, die hier Tender heißen und die Seelotsen von ausfahrenden Schiffen ›verholen‹ und zu einfahrenden Seeschiffen ›versetzen‹. Dazu gehören die Lotsentender DÖSE, DUHNEN und WANGEROOGE sowie zwei kleine, sehr schnelle und wendige Versetzboote (PILOT ELBE 2 und 3), die immer dann zum Einsatz kommen, wenn die Distanz zwischen Wasserlinie und Deck eines Schiffes weniger als 3 m beträgt. Außerdem ist noch ein PS-starkes Schlauchboot an Bord des Lotsenstationsschiffes, das speziell für den Lotsenwechsel für U-Boote eingesetzt wird. Schlauchboot deshalb, damit die Außenhaut des U-Bootes beim Anlegen des Versetzbootes nicht beschädigt wird.

Lotsentender DUHNEN

Was die Lotsentender von den Lotsenbooten in Hamburg und Brunsbüttel unterscheidet, ist nicht nur die Größe, sondern die weltweit akzeptierte Schiffskonstruktion, die auch in stürmischer See bis zu einer Wellenhöhe von fast vier Metern ihren Versetzdienst aufrechterhalten können. Sie sind nicht nur schneller, sondern durch ihre Doppelrumpfkonstruktion (einem Katamaran ähnlich) auch sicherer für Decksmann und Lotse.

> Wie auf jeder Lotsenstation üblich, verfügt auch diese schwimmende Lotsenstation über Lootsenboote, die hier Tender heißen und die Seelotsen von ausfahrenden Schiffen ›verholen‹ und zu einfahrenden Seeschiffen ›versetzen‹.

Schlauchboot für den Lotsenversetzdienst (U-Boote)

Miniversetzboot PILOT ELBE 3

29

Seelotse verläßt das Schiff auf der Gangway. Links die Lotsenleiter

Seelotse und Decksmann auf der ausgefahrenen Rampe

P**ILOT** E**LBE** 2 *wird auf das Lotsenstationsschiff gehievt.*   (Foto: Abeking & Rasmussen)

Auf dem Lotsentender steht der Lotse nicht wie üblich auf der Bordkante eines Lotsenbootes, sondern auf einer ausfahrbaren Rampe, die sanft an die Bordwand des Seeschiffes herangefahren wird, um dem Seelotsen den Griff zur Lotsenleiter zu erleichtern. Erleichternd ist auch, daß die Rampe ca. 4 m über der Wasserfläche an die Bordwand anlegt, so daß der Lotse weniger Stufen der Lotsenleiter zu bewältigen hat, ob rauf oder runter.

Anders jedoch bei dem nur 7,5 m langen Lotsenversetzboot P**I**-L**OT** E**LBE** 3. Für dieses Mini-Lotsenboot muß die Lotsenleiter des Seeschiffes bis auf einen Meter über Wasser heruntergelassen werden. Zu ergänzen ist, daß dieses Boot nach dem Lotsenversetzdienst mit Lotse, Schiffsführer und Decksmann an Bord des Lotsenstationsschiffes E**LBE** P**ILOT** gehievt (gezogen) und befestigt wird. Fachleute sprechen hier von einem ›Mutter-Tochter-System‹.

Wer jemals Gast auf diesen Miniflitzern war, erlebte vielleicht das erste Seeabenteuer seines Lebens! Diese unsinkbaren Nussschalen zwingen jeden Mitfahrer, sich mit beiden Händen festzuhalten, um nicht durch die Kabine oder von Bord geschleudert zu werden.

Die Lotsung von ELBE PILOT bis Brunsbüttel
Der Seelotse informiert sich

Nachdem der Seelotse ein ›nach See‹ auslaufendes Schiff von Brunsbüttel bis zum Lotsenstationsschiff beratend begleitete, eine kurze oder längere Pause auf ELBE PILOT genoss – einschließlich eines sehr schmackhaften Menus, des bordeigenen ›Restaurants‹ –, bereitet er sich auf den nächsten Einsatz vor: die Lotsung eines von der Nordsee kommenden Schiffes (Aufkommer) bis Brunsbüttel. Diese Lotsung ist gleichzeitig seine Rückfahrt nach Brunsbüttel.

Zuvor hat der Seelotse den Kapitän oder Steuermann des Lotsenstationsschiffes herzlich begrüßt und den für Seelotsen reservierten Lotsenarbeitsplatz eingenommen. Hier erkundigt er sich, welche (›von See‹ kommenden) lotsenpflichtigen Schiffe einen Seelotsen rechtzeitig (zwölf Stunden vorher) bestellt haben, die in einer ETA-Liste aufgeführt sind (ETA = Estimated Time of Arrival/wahrscheinliche Ankunft). Eines davon wird er übernehmen. Und weil der Kapitän des von See kommenden Schiffes verpflichtet ist, eine

Seelotsen informieren sich auf ELBE PILOT nach angemeldeten Schiffen. Links die aktuelle Verkehrssituation in der Elbmündung auf dem Radarbildschirm.

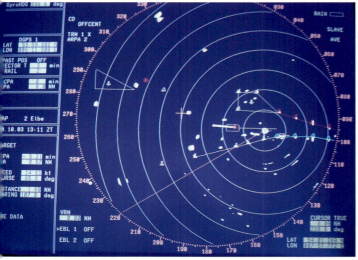

Radarbild des Lotsenstationsschiffes über die Verkehrssituation in der Elbmündung

Lotsenaushollliste

Lotsenversetzliste

> »Schiffe, die binnenwärts ... zur Annahme eines Seelotsen verpflichtet sind, übernehmen ... den Seelotsen auf der Lotsenversetzposition bei Tonne ›Elbe‹«.

Stunde vor Erreichen der Lotsenversetzposition die Lotsenbestellung bei ELBE PILOT Station zu bestätigen, weiß jeder Seelotse, wann er welches Schiff zu beraten hat.

In der Elbe-Lotsenverordnung von 2003 heißt es dazu (§ 4: Lotsenversetzpositionen):

»Schiffe, die binnenwärts ... zur Annahme eines Seelotsen verpflichtet sind, übernehmen ... den Seelotsen auf der Lotsenversetzposition bei Tonne ›Elbe‹«. (Standort des Lotsenstationsschiffes ELBE PILOT. Anmerkung Autor).

»Massengutschiffe mit einer Länge ab 220 m oder Breite ab 32 m, andere Seeschiffe mit einer Länge ab 350 m oder Breite ab 45 m und Tankschiffe mit einer Länge ab 150 m oder einer Breite ab 23 m müssen, wenn sie von See kommen ..., Seelotsen ... auf der Lotsenversetzposition bei Tonne ›E 3‹ übernehmen.« (siehe Seekarte S. 13)

›Binnenwärts‹ weist darauf hin, daß kleinere lotsenpflichtige Schiffe die Tonne ›Elbe‹ (Elbe 1/Standort ELBE PILOT) von der küstennahen Fahrwasserstraße ansteuern, während größere, tiefgängige Schiffe die Fahrwasserstraße südwestlich von Helgoland befahren müssen und den Seelotsen bei Tonne ›E 3‹ an Bord nehmen.

Und, wie in jeder Lotsenstation üblich, wird auch auf dieser schwimmenden Lotsenstation handschriftlich festgehalten, welche Lotsen von ›nach See‹ fahrenden Schiffen ausgeholt wurden und in welcher Reihenfolge sie für ›von See‹ kommende Schiffe (Aufkommer) zu versetzen sind. Die Ankunftsliste (Lotsenausholliste) ist also die Grundlage für die Börtliste, die die Reihenfolge bestimmt, nach der die Seelotsen für von See kommende Schiffe eingeteilt werden. Sobald der Seelotse weiß, welches von See kommende Schiff er von Ton-

Lotsbescheinigung

ne ›Elbe‹ oder der Lotsenversetzposition Tonne ›E 3‹ bis Brunsbüttel navigatorisch zu beraten hat, und erfährt, daß das Schiff den Hamburger Hafen ansteuern soll, sich vorher über die Größe des Schiffes – einschließlich Tiefgang – informiert hat, klärt er mit der Nautischen Zentrale (Port Authority) Hamburg folgende Sachverhalte:

- Ist der vorgesehene Liegeplatz im Hamburger Hafen frei?
- Welche Wassertiefe hat der Liegeplatz zum angemeldeten Zeitpunkt (ETA Hamburg)?
- Muß ein Tidefenster eingehalten werden, also ein Zeitraum, innerhalb dessen tiefgängige Schiffe die Elbe bis Hamburg hinauffahren können?

Sind diese Fragen vor seinem Einsatz geklärt und der Seelotse weiß exakt, zu welchem Zeitpunkt (Stunde/Minute) er das für ihn vorgesehene, von See kommende Schiff beraten wird, genießt er die bereits erwähnte kurze oder längere Pause auf dem komfortablen Lotsenstationsschiff.

Der Seelotse verläßt ELBE PILOT

Für einen mehrstündigen Aufenthalt steht jedem Seelotsen nicht nur die exzellente Bordküche, sondern auch eine Kabine mit Telefon (für den Weckdienst!) zur Verfügung; gelegentlich auch eine Pause auf dem Sonnendeck von ELBE PILOT.

Nachdem sich der Seelotse mit der Schiffsführung des Lotsenstationsschiffes abgesprochen hat, mit welchem Versetzboot (Tender oder Miniflitzer) er ELBE PILOT verlassen wird, wirft er noch einen Blick auf das Radarbild, um sich über den aktuellen Schiffsverkehr zu informieren, und geht dann mit der Lotsbescheinigung (Sea Pilotage Note) von Bord. Vorher hat der Schiffsführer des Lotsenstationsschiffes den Versetzzeitpunkt und die Versetzposition mit dem Kapitän des von See kommenden Schiffes präzise festgelegt. Diese Information ist wichtig, damit der Kapitän des von See kommenden Schiffes alle Vorbereitungen treffen kann, um das Anbordkommen des Seelotsen zu erleichtern.

In der ›Elbe-Lotsenverordnung‹ heißt es dazu: »Wird der Seelotse während der Fahrt versetzt oder ausgeholt, so muß die Schiffsführung das Anbordkommen oder das Vonbordgehen durch entsprechendes Fahrverhalten*) ... ermöglichen und erleichtern. Die Schiffsführung hat ein einwandfreies und sicheres Lotsengeschirr auszubringen. Sie hat für eine ausreichende Überwachung des Lot-

Seelotse verläßt das Lotsenstationsschiff zum Tender

> In der ›Elbe-Lotsenverordnung‹ heißt es dazu: »Wird der Seelotse während der Fahrt versetzt oder ausgeholt, so muß die Schiffsführung das Anbordkommen oder das Vonbordgehen durch entsprechendes Fahrverhalten ... ermöglichen und erleichtern.

> *) ›Entsprechendes Fahrverhalten‹ heißt konkret: Der Kapitän muß die Geschwindigkeit seines Schiffes von 16, 20 oder 25 Knoten auf ca. 8 Knoten reduzieren, damit der Lotsentender den Seelotsen während der Fahrt sicher zur Lotsenleiter führen kann.

Lotsentender auf dem Weg zum Seeschiff (Aufkommer)

Tender fährt zur Lotsenleiter; rechts von der Lotsenleiter das Tug-Zeichen: Druckpunkt für Schlepper im Hamburger Hafen

In der Nordsee geht der Seelotse in Lee an Bord. Lee ist die dem Wind abgewandte Seite des Schiffes.

*) Geschwindigkeit ›durch's Wasser‹ (Water-Speed), nicht ›über Grund‹ (Ground Speed). Beide Geschwindigkeiten werden gelegentlich von der Schiffsführung verwechselt (mangelnde Englischkenntnisse?), so daß kostbare Zeit verloren gehen kann.

sengeschirrs, für Hilfestellung beim Anbordkommen und Vonbordgehen und für die Sicherheit des Seelotsen auf dem Weg zwischen Lotsengeschirr und der Kommandobrücke des Schiffes zu sorgen.«

Der Seelotse geht in Lee an Bord

Im Gegensatz zu den Hafen- und Elblotsen, die auf der Unterelbe in Hamburg an der Steuerbordseite des Schiffes (in Fahrtrichtung rechts) an Bord gehen, geht der Seelotse in der Nordsee in Lee an Bord. Lee ist die dem Wind abgewandte Seite des Schiffes, und das kann sowohl die Steuer- als auch Backbordseite sein, je nach Windrichtung.

In diesem Windschatten des Schiffes fährt der Tender längsseits an die Bordwand des Schiffes heran, weil die Luv-Seite für das Versetzen des Lotsen zu gefährlich ist, weil dort der Wind die Wellen unkontrollierbar gegen die Bordwand peitscht.

Das Seeschiff muß Lee machen

Damit der Seelotse in Lee an Bord gehen kann, muß der Kapitän das Schiff gegen den Wind drehen, bis der Windschatten, die Lee entsteht. Im Idealfall sollte der Wind im 90°-Winkel gegen das Schiff drücken (Luv); ein Schiffsmanöver, bei dem das Schiff durch die Kraft des Windes an den Rand des Fahrwassers gedrückt werden kann, wodurch gelegentlich gefährliche Situationen entstehen können, bis zu Gründberührungen tiefgängiger Schiffe (siehe EXKURS).

Der Seelotse geht an Bord des Aufkommers

Nachdem die Schiffsführung des von See kommenden Schiffes alle notwendigen Vorbereitungen getroffen hat, damit der Seelotse sicher an Bord kommen kann, konzentriert sich der Kapitän des Tenders darauf, sein Lotsenboot so nah wie möglich an die Lotsenleiter heranzusteuern, die

EXKURS
Unfall beim Lotsenwechsel in der Elbmündung

Am 6. Januar 2005 um 5.45 Uhr lief ein Frachter zwischen den Tonnen eins und drei in Höhe Scharhörnriff auf Grund. Der Seelotse war gerade an Bord gegangen, hatte die Kommandobrücke aber noch nicht erreicht, als das 208 m lange Schiff von der Fahrrinne in den Flachwasserbereich geriet. »Der Bug bohrte sich in das Watt. Der Frachter steckte manövrierunfähig fest« (Zitat: Hamburger Abendblatt v. 7. Januar 2005), konnte aber am 7. Januar 2005 freigezogen und in das Schwimmdock von Blohm + Voss (Dock 10) geschleppt und innerhalb weniger Tage repariert werden.
Was war passiert?: (Recherche Autor)
Nach Auskunft erfahrener Kapitäne/Seelotsen war das Schiff beim ›Lee machen‹ auf Grund gelaufen. Die Schiffsführung hatte das Schiff gegen den Wind aus West-Süd-West nach Steuerbord (nach rechts) gedreht, damit der Seelotse im Windschatten (Luv) an Bord gehen konnte. Bei diesem Manöver verließ das Schiff steuerbordseitig die Fahrrinne und lief auf Grund.

an der Bordwand des Aufkommers herunterhängt und gelegentlich heftig hin- und herschaukelt. Schiff und Tender fahren mit ca. 8 Knoten (14,5 km/h)*) parallel nebeneinander. Lotse und Decksmann stehen auf der ausfahrbaren Rampe und warten, bis die Lotsenleiter in greifbarer Nähe ist.

In dem Moment wird die Rampe an die Bordwand herangefahren, so daß der Lotse die Lotsenleiter auch bei starker Wellenbewegung sicher erreichen kann, wobei ihm der Decksmann

Seelotse geht an Bord

Im Eiltempo zur Brücke

Der Zeitraum für das Anbordgehen (und das gilt auch für das Vonbordgehen) ist äußerst begrenzt, weil die Steuerungsfähigkeit des Schiffes bei 8 Knoten erheblich reduziert ist. Der Seelotse (und das gilt für alle Lotsen) muß so schnell wie möglich die Kommandobrücke erreichen, damit die Schiffsmaschine wieder hochgefahren werden kann und das Schiff die optimale Steuerungsfähigkeit wieder erreicht.

Bei günstiger Witterung dauert der Lotsenwechsel 10 bis 15 Minuten. Bei schlechter Witterung kann es länger dauern, bis der Lotse auf der Brücke seine Navigationsberatung beginnen kann.

Dieser Zeitdruck ist für jeden einzelnen Lotsen oft mit einem Fitnesstraining vergleichbar, wenn zwischen Schiffsdeck und Kommandobrücke ein Fahrstuhl fehlt. Dann muß er im Eiltempo fünf, sechs oder mehr Etagen Stufe für Stufe emporlaufen; sehr anstrengend und schweißtreibend.

Der Seelotse auf der Brücke des Aufkommers

Nach einer herzlichen Begrüßung durch den Kapitän oder des diensthabenden Offiziers gibt der Seelotse erste Kursanweisungen, nachdem die Schiffsmaschine wieder hochgefahren wurde und er sich einen ersten Überblick über den Schiffsverkehr gemacht hat – ob mit oder ohne Fernglas und einem Blick auf den Radarbildschirm, der seine Beobachtungen ergänzt. Da sich der Seelotse mit der Manövrierfähigkeit des Schiffes vertraut machen muß, um die Schiffsführung bis zum Lotsenwechsel in Brunsbüttel (ca. 40 Seemeilen/70 Kilometer) zu beraten, informiert er sich beim Kapitän.

In diesem Gespräch erhält er die Pilot Card des Schiffes, in der die wichtigsten Schiffsdaten festgehalten sind. Und falls diese Information keine Angaben über das Fahrverhalten des Schiffes Auskunft gibt, erkundigt er sich beim Kapitän. Er will wissen, wie schnell

behilflich ist. Außerdem warten Decksleute und ein Schiffsoffizier auf die Ankunft des Lotsen, um ihm das Anbordgehen zu erleichtern und zur Kommandobrücke zu führen.

Seelotse am Radarbild (Verkehrssituation)

Seelotse auf der Kommandobrücke

Seelotse telefoniert mit der Verkehrszentrale Brunsbüttel

Gegenverkehr im engen Fahrwasser der Elbmündung

Fahrstufenhebel (früher Maschinentelegraph)

Sprache formuliert werden, die vom Rudergänger wiederholt und kurz darauf bestätigt werden, sobald die Empfehlungen ausgeführt worden sind.

Und während die Schiffsführung die Kurs- und Geschwindigkeitsempfehlungen des Seelotsen ausführt, die er auf den bordseitigen Navigations- und Orientierungshilfen (Geschwindigkeits-und Kursanzeiger, Echolot, Ruderlageanzeiger … siehe S. 21 Navigationshilfen …) ständig kontrolliert, konzentriert er sich auf die bordfernen Orientierungshilfen in der Elbmündung (numerierte Fahrwassertonnen und Radarbaken) und auf den Schiffsverkehr. Daneben hört er auch den halbstündigen Lagebericht der Verkehrszentrale Cuxhaven, die seine persönlichen Beobachtungen (Fernglas und Radarbilder) ergänzen,

das Schiff auf Kursränderungen reagiert, die durch das Ruderblatt ausgelöst werden, und welche Geschwindigkeiten in den einzelnen Fahrstufen erreicht werden – von sehr langsam (Dead slow) bis zur Höchstgeschwingigkeit (Full ahead). Der Lotse will aber auch wissen, ob das Schiff von einer links- oder rechtsdrehenden Schiffsschraube angetrieben wird. Diese Information ist wichtig, falls das Schiff rückwärts manövriert werden muß.

Dazu folgende Information: Bei linksdrehender Schiffsschraube wandert das Heck, der hintere Teil des Schiffes nach Steuerbord (nach rechts); bei rechtsdrehender Schraube nach Backbord, wobei der Steven nach Steuerbord ausschlägt. Eine wichtige Informatio für alle Lotsen.

Um sich zu vergewissern, ob das Ruder von dem Rudergänger nach seinen Kursangaben richtig eingestellt wurde, wirft der Lotse regelmäßig einen Blick auf den Ruderlageanzeiger (englisch: Rudder Angle Indicator), der die aktuelle Lage des Schiffsruders anzeigt, mit dem das Schiff gesteuert wird. Anzumerken ist, daß alle Kurs- und Geschwindigkeitsangaben des Lotsen in englischer

Die rot-weiß bzw. grün-weiß gekennzeichneten Radarbaken sind besonders bei schlechter Sicht und bei Eisgang wichtige Navigationshilfen für den Seelotsen. Bei Eisgang werden die Tonnen eingeholt, da sie durch Eisschollen aus der Verankerung gerissen werden können; ersatzweise werden Eistonnen verlegt.

Bake und Polizeiboot

36

Elektronische Seekarte (Elbmündung/Scharhörn)

In Küstennähe erkennt der Seelotse steuerbordseitig die Insel Scharhörn (Vogelschutzwarte) und backbordseitig den stummen Leuchtturm auf dem ›Großen Vogelsang‹; danach, den noch aktiven Leuchtturm und den Radarturm auf der Wattinsel Neuwerk.

Die Betonnung des Fahrwassers und die obengenannten Landmarken erleichtern die Navigation durch das enge Fahrwasser der Mittelrinne zwischen dem ›Neuwerker Watt‹ im Süden und dem ›Großen Vogelsand‹ im Norden (siehe Seekarte Elbmündung), bis die Stadtsilhouette (Skyline) von Cuxhaven auftaucht.

Doch bevor das Schiff Cuxhaven erreicht, informiert der Seelotse die Lotsenstation in Brunsbüttel, zu welchem Zeitpunkt er die Lotsenversetzposition (Tonne 57) erreichen wird, damit der Wachleiter den Einsatz des Elblotsen präzise vorbereiten kann. Und da der Seelotse weiß, zu welchem Zeitpunkt das Schiff den Liegeplatz im Hamburgere Hafen erreichen soll (ETA Hamburg), er aber nur bis Brunsbüttel an Bord sein wird, spielt die Geschwindigkeit des Schiffes ein wichtige Rolle. Fährt er in der Elbmündung zu schnell, kann es passieren, daß der Elblotse von Brunsbüttel bis Hamburg (37 Seemeilen/67 Kilometer) langsamer fahren muß – also länger an Bord ist, weil der Liegeplatz erst zu einem bestimmten Zeitpunkt frei sein wird. Deshalb überprüft der Seelotse ständig die Geschwindigkeit des Schiffes, die aufgrund von Ebbe und Flut sehr unter-

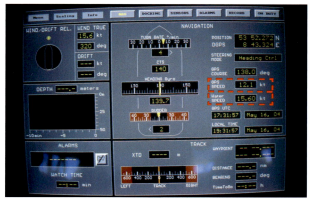

›Ground Speed/GPS Speed‹ und ›Water Speed‹ (Abb. rechts). Geschwindigkeitsdifferenz: 3,5 Knoten (ca. 6,5 Kilometer)

schiedlich ist: Geschwindigkeit ›durch's Wasser‹ (Water Speed) und ›über Grund‹ (Speed over Ground/GPS Speed)

Wie bereits beschrieben, liegt der Unterschied beider Geschwindigkeiten darin, ob das Schiff mit der Flut aus der Nordsee die Elbe ansteuert oder gegen das ablaufende Wasser der Elbe (Ebbe) anfahren muß. Je nach Strömungsgeschwindigkeit der Flut oder der Ebbe kann der Unterschied 3 bis 4 Knoten betragen (siehe oben). Das heißt, die Fahrt ›über Grund‹ ist die tatsächliche Geschwindig-

Containerschiff in Küstennähe auf dem Weg zum Hamburger Hafen

> Der Seelotse überprüft ständig die Geschwindigkeit des Schiffes, die aufgrund von Ebbe und Flut sehr unterschiedlich ist: Geschwindigkeit ›durch's Wasser‹ und ›über Grund‹.

Richtfeuertürme mit Richtfeuer

> Die Geschwindigkeit ›durch's Wasser‹ ist auch Basis von Geschwindigkeitsempfehlungen der Wasser- und Schifffahrtsämter, um Gefährdungen durch Wellenschlag und Sog zu vermeiden.

keit, mit der das Schiff eine Fahrstrecke zurücklegt, ob mit oder gegen die Strömung.

Eine wichtige Information für alle Lotsen, obwohl die Geschwindigkeit ›durch's Wasser‹ auch seine Navigationsberatung erheblich beeinflußt. Denn die Geschwindigkeit ›durch's Wasser‹ ist auch Basis von Geschwindigkeitsempfehlungen der Wasser- und Schifffahrtsämter. Beispielsweise wird empfohlen, daß Seeschiffe, die von der Nordsee die Elbmündung ansteuern, bereits beim Passieren der Wattinseln Scharhörn und Neuwerk, spätestens jedoch kurz vor Cuxhaven, die Geschwindigkeit reduzieren sollten, um Gefährdungen durch Wellenschlag und Sog zu vermeiden (siehe: Die Elbe – Ein schwieriges Revier, S. 44).

Nachdem der Seelotse das Schiff von dem Lotsenstationsschiff ELBE PILOT 25 Seemeilen (45 Kilometer) bis nach Cuxhaven navigierte – bei schlechten Sichtverhältnissen Landradarberatung in Anspruch nahm –, konzentriert er sich auf die schmale Fahrrinne zwischen Medemgrund im Norden und Altenbruch/Otterndorf im Süden (siehe Seekarte 3010, Blatt 2), wo erste Richtfeuertürme tagsüber und nachts wichtige Orientierungshilfen sind (Entfernung Cuxhaven bis Brunsbüttel 16 Seemeilen (29 Kilometer).

Reviereintrittsmeldung – ›Brunsbüttel Elbe Traffic‹

Während der Seelotse den Kapitän des Schiffes navigatorisch berät, informiert er kurz nach der Ostemündung (Tonne 53) die Verkehrszentrale in Brunsbüttel, die für die Sicherheit des Schiffsverkehrs von Brunsbüttel bis zur Hamburger Landesgrenze verantwortlich ist, daß sein Schiff in Kürze das Revier der Kollegen in Cuxhaven (Cuxhaven Elbe Traffic) verlassen und in das Revier ›Brunsbüttel Elbe Traffic‹ hineinfahren wird.

Diese Reviereintrittsmeldung – mit präziser Zeit- und Positionsangabe – wird über den Datenverbund Elbe der Nautischen Zen-

Bildschirminformation des Schiffsmeldedienstes in der Einsatzzentrale der Hamburger Schlepper

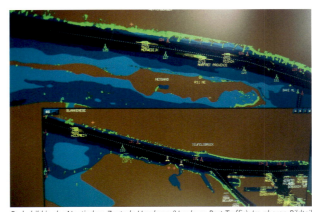

Radarbild in der Nautischen Zentrale Hamburg (Hamburg Port Traffic): Im oberen Bildteil ist die Fahrwassermitte durch eine gestrichelte Linie gekennzeichnet und die roten und grünen Fahrwassertonnen erkennbar. Unterhalb der Fahrwassermitte fährt die MARFRET PROVENCE *zum Hamburger Hafen. Mitlaufzeichen 9713.*

trale in Hamburg mitgeteilt, die wiederum über den Schiffsmeldedienst allen interessierten Dienstleistern (Reedereien, Schiffsagenten, Kaibetrieben, Schlepper- und Festmacherfirmen, Werften etc.) über eine permanente Bildschirminformation zur Verfügung gestellt wird, damit sie sich auf die Ankunft des Schiffes im Hamburger Hafen vorbereiten können.

Mit dieser Reviereintrittsmeldung des Seelotsen erhält das aufkommende Schiff in der Verkehrszentrale Brunsbüttel ein neues Mitlaufzeichen, das das Schiff auf den Radarschirmen bis zur Hamburger Hafengrenze begleitet. Schiffsname und Mitlaufzeichen erleichtern die Verkehrsüberwachung in diesem Revier. Oder wie ein Nautiker der Nautischen Zentrale in Hamburg (Lotsenhöft) formulierte: »Wir ›tracken‹ das Schiff – wir verfolgen seine Spur« (englisch: ›to track‹: eine Spur verfolgen, aufspüren).

Zu ergänzen ist, daß jedem Seeschiff in dem jeweiligen Revier ein reviereigenes Mitlaufzeichen zugeordnet wird: in der Deutschen Bucht (German Bight Traffic), in der Elbmündung (Cuxhaven Elbe Traffic), auf der Elbe (Brunsbüttel Elbe Traffic) und im Hamburger Hafen (Nautische Zentrale/Hamburg Port Traffic).

> Mit der Reviereintrittsmeldung des Seelotsen erhält das aufkommende Schiff ein neues Mitlaufzeichen, das das Schiff auf den Radarschirmen bis zur Hamburger Hafengrenze begleitet.

EXKURS:

Überholmanöver in der Elbmündung

Da das Fahrwasser der Elbe von sehr unterschiedlich großen Seeschiffen befahren wird, deren maximale Geschwindigkeit (durch's Wasser!) ebenfalls sehr unterschiedlich ist, sind Überholmanöver keine Seltenheit – und aus Termingründen auch verständlich (Ankunftzeitpunkt Liegeplatz/Kaianlage!) Wie in der Straßenverkehrsordnung üblich, dürfen auch im Fahrwasser der Elbe die schnelleren die langsameren Schiffe nur links überholen. In dem ›Nordsee-Handbuch‹ des Bundesamtes für Seeschifffahrt und Hydrographie heißt es dazu sinngemäß:
»Haben sich Kapitän und Lotse für ein Überholmanöver entschieden, wobei die Verantwortung beim Kapitän verbleibt, ist die Schiffsführung des zu überholenden Schiffes über UKW-Sprechfunk zu informieren und deren Zustimmung einzuholen. Gelegentlich ist das zu überholende Schiff verpflichtet, die Geschwindigkeit zu reduzieren, um das Überholen zu erleichtern.«

Außerdem hat der Lotse während des Überholmanövers darauf zu achten, daß zwischen seinem und dem zu überholenden Schiff genügend seitlicher Abstand eingehalten wird, um zu verhindern, daß die Sogkraft/Sogwirkung das zu überholende Schiff ansaugt und eine Kollision kaum noch zu verhindern ist!

(siehe: Hamburger Abendblatt, 4./5. Februar 2006, S. 16)

39

Die ›gläserne‹ Toilette auf der Kommandobrücke

Essen auf der Kommandobrücke?

Da das Schiff von der schwimmenden Lotsenstation ELBE PILOT bis zum Lotsenwechsel vor Brunsbüttel – je nach Geschwindigkeit – vier bis fünf Stunden benötigt, ist es üblich, dem Seelotsen auf der Kommandobrücke ein Essen zu servieren. Diese sympathische Geste bedeutet aber nicht, daß der Lotse die Brücke verläßt, um sich in der Offiziersmesse bedienen zu lassen. Seine Verantwortung für die sichere Navigationsberatung des ihm anvertrauten Schiffes erfordert eine ständige Anwesenheit auf der Brücke.

Also wird der Imbiss, gelegentlich auch ein delikates Essen, auf der Brücke serviert, damit der Lotse auch während der Mahlzeit seiner Verantwortung entsprechend Anweisungen geben kann, wobei das Fernglas in unmittelbarer Nähe liegt.

Auf gut ausgerüsteten Schiffen steht hierfür auf der äußeren linken und rechten Seite des Steuerstands jeweils ein Essplatz (ein Fensterplatz!) zur Verfügung, von dem aus der Lotse während der Mahlzeit die Fahrt des Schiffes und den Schiffsverkehr beobachten kann.

Fehlt diese sehr praktische Essecke, ißt er entweder im Stehen oder pendelt stets zwischen Steuerstand und dem Esstisch im hinteren Bereich der Brücke hin und her, bis das Essen zwar kalt, aber das Schiff sicher navigiert wurde.

Dazu eine Anekdote des Seelotsen Hinrik Treyse: Auf den meisten russischen Schiffen gibt es zu jeder Zeit die sogenannte ›Balkan-Platte‹: Sandwich mit Knoblauchwurst und Käse (nicht besonders köstlich, aber immer herzlich und gut gemeint).

Seelotse in der ›Eßecke‹ Fernglas griffbereit

Essen im Stehen mit Blick auf den Schiffsverkehr (Seelotse)

Dazu gehört vielleicht auch die gläserne Toilette, die immer häufiger auf der Brücke moderner Seeschiffe installiert ist: ein WC, das ab Sitzhöhe (!) rundum verglast ist, damit der Kapitän auch während der Notdurft den Überblick behält.

Der Elblotse
Die Lotsenstation in Brunsbüttel

In der Lotsenstation Brunsbüttel (siehe Abb. S. 20) wird der Einsatz der Seelotsen koordiniert, getrennt nach Schiffen, die von Hamburg nach See fahren (Hamburg-See) und jene, die von der Nordsee den Hamburger Hafen anlaufen sollen (See-Hamburg).

Basis dieser Lotseneinsatzplanung sind die täglichen Informationen der Nautischen Zentrale in Hamburg, die präzise Auskunft darüber gibt, welche Schiffe den Hamburger Hafen verlassen und welche Seeschiffe in Hamburg erwartet werden, für die ein Liegeplatz angemeldet und bestätigt wurde, einschließlich ETA-Hamburg (estimated time of Arrival), definiert nach Tag und Stunde.

Aufgrund dieser Informationen, ergänzt durch telefonische Meldungen der Lotsen, die die Ankunft ihres Schiffes rechtzeitig an die

Büro/Einsatzzentrale (Lotsenstation Brunsbüttel)

Das Lotsenhaus der Lotsenbrüderschaft

> Basis der Lotseneinsatzplanung sind die täglichen Informationen der Nautischen Zentrale in Hamburg, die Auskunft darüber gibt, welche Schiffe den Hamburger Hafen verlassen und welche Seeschiffe in Hamburg erwartet werden.

Ausblick von der Lotsenstation

Handbeschriebene Infotafel für den Einsatz der Seelotsen

Peilpläne in der Lotsenstation Brunsbüttel

Lotsenstation Brunsbüttel durchgeben, kann der Wachleiter den Einsatz der Lotsen präzise vorausplanen und festlegen.

Zur täglichen Berufspraxis der Lotseneinsatzplanung gehört auch, daß der Wachleiter die Lotsen, die zu Hause auf ihren Einsatz warten, rechtzeitig anruft. Dieser Anruf kann zu jeder Tages- und Nachtzeit erfolgen. Und das gilt für alle Lotsen, die auf Abruf erreichbar sein müssen.

Vorbereitungen des Elblotsen (Aufkommer)

Während der Seelotse das von der Nordsee kommende Schiff bis Brunsbüttel navigatorisch berät und ca. 20 Minuten vor Erreichen der Lotsenversetzposition (Tonne 57) die Lotsenstation in Brunsbüttel über die Ankunft des Schiffes informiert, bereitet der Wachleiter den Einsatz des Elblotsen vor, der die Schiffsführung des Aufkommers bis zur Hamburger Hafen- und Landesgrenze beraten wird. Entfernung Brunsbüttel–Hamburg (Seemannshöft) 37 Seemeilen (67 Kilometer).

Gleichzeitig bereitet sich der Elblotse auf seinen Einsatz vor. Und weil er weiß, welches Schiff seine Navigationsberatung in Anspruch nehmen wird, informiert er sich vorher über das Schiff (Schiffsdaten) und die aktuelle Wetterlage. Nach dem Seewetterbericht hört er noch den aktuellen Lagebericht der Verkehrszentrale, um sich auf den Schiffsverkehr vorzubereiten. Vielleicht wirft er noch einen Blick auf die aktuellen Peilpläne, die in der Lotsenstation aushängen und Auskunft darüber geben, ob sich die Wassertiefen im Fahrwasser der Elbe verändert haben.

Außerdem will der Elblotse vor seinem Einsatz wissen, ob er das von See kommende Schiff mit auflaufendem oder gegen das ablaufende Wasser (Ebbe) nach Hamburg zu navigieren hat, zumal er weiß, zu welchem Zeitpunkt der Aufkommer im Hamburger Hafen erwartet wird (ETA Hamburg).

Obwohl jeder Lotse einen Gezeitenkalender bei sich führt, in dem die Hoch- und Niedrigwasserzeiten für jeden Tag festgehalten sind und durch tägliche Wasserstandsmeldungen ergänzt werden, genügt ein Blick auf eine Tafel in der Lotsenstation, auf der täglich die Zeitpunkte von Ebbe und Flut eingetragen sind. Und da sich in der Elbmündung und auf der Elbe die Wassertiefen ständig verändern, wirft er einen Blick auf die neuesten Peilpläne, die im Lotsenhaus aushängen. Nach diesen Vorbereitungen und der Lotsbescheinigung (Seelotsrevier Elbe 1) wartet er auf das endgültige O.K. des Wach-

leiters, der mit dem Seelotsen des aufkommenden Schiffes im ständigen Funkkontakt steht.

Elblotse fährt dem Aufkommer entgegen

Während der Seelotse die Geschwindigkeit des Schiffes kurz vor der Versetzposition (Tonne 57) von ca. 14 auf 8 Knoten herunterfahren läßt, damit der Lotsenwechsel so gefahrlos wie möglich, aber dennoch zügig realisiert werden

kann, ist der Elblotse bereits an Bord eines Lotsenbootes, das ihn zum Aufkommer fährt. Wie bereits beschrieben, muß auch der Elblotse an der Lee-Seite des aufkommenden Schiffes an Bord gehen.

Elblotse geht vor Brunsbüttel an Bord

Da der Lotsenwechsel so schnell wie möglich vonstatten gehen muß, damit das Schiff wieder die normale Geschwindigkeit aufnehmen kann, muß der Elblotse im Laufschritt vier, fünf oder sechs Etagen bis zur Kommandobrücke zurücklegen, falls kein Fahrstuhl vorhanden ist. Auf der Brücke angekommen, begrüßt ihn der Kapitän mit Handschlag, erfährt vielleicht noch präzise Informationen von seinem Kollegen, dem Seelotsen, der die Brücke im Eiltempo verläßt, um das wartende Lotsenboot in wenigen Minuten zu erreichen.

Noch bevor der Seelotse das Schiff verlassen hat, macht sich der Elblotse mit dem Schiff vertraut, liest die Pilot Card, überprüft kurz die Radaranlage, wirft einen Blick auf Kurs-, Ruder- und Geschwin-

Lotsenboote (Brunsbüttel)

Lotsenboot fährt Aufkommer entgegen (fern/nah)

Lotsenboot fährt parallel zur Bordwand des Aufkommers

43

Seelotse geht an Bord des Aufkommers

Elblotse auf der Kommandobrücke

ten (ca. 22 km/h) empfohlen. Der Hamburger Hafen sollte mit höchstens 10 Knoten (18 km/h) angelaufen werden.

Diese Geschwindigkeitsempfehlungen kennt jeder Lotse, der in diesem Revier tätig ist. Aufgrund seiner täglichen Praxis und langjährigen Erfahrung weiß er aber auch, daß jeder einzelne Schiffstyp eine individuelle Sogwirkung und den darauf folgenden Wellenschlag erzeugt/verursacht.

Denn Sog und Wellenschlag hängen nicht nur von der Schiffsgröße, sondern auch von der Schiffsform, dem Antrieb des Schiffes (Schiffsschraube) und der Geschwindigkeit des Schiffes bei Hoch- oder Niedrigwasser ab.

Und jeder Elblotse weiß auch, daß der ›Schwell‹, die Wellen, die von einem Schiff erzeugt werden, Uferböschungen beschädigen

Gefährdungen durch Sog und Wellenschlag (WSA Hamburg)

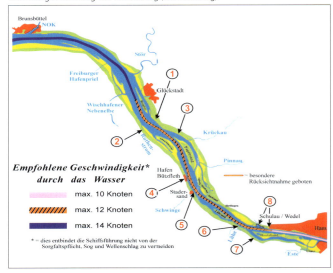

Sind Elblotsen Seelotsen?
Kurze Antwort: Jeder Elblotse ist Seelotse (!), weil die Anerkennung zum Seelotsen Detailkenntnisse der Reviere Elbmündung und Elbe voraussetzt.

Der einzige Unterschied besteht darin, daß sich der Seelotse entweder für das Revier Elbe, Lotsbezirk I (Hamburg–Brunsbüttel/Brunsbüttel–Hamburg) oder für den Lotsbezirk II (Brunsbüttel–Lotsenstationsschiff ELBE PILOT/ELBE PILOT–Brunsbüttel) entschieden hat.

digkeitsanzeiger und gibt erste Anweisungen an den Kapitän oder Rudergänger, sobald der Seelotse das Schiff sicher verlassen hat. Die Navigationsberatung des Elblotsen beginnt.

Die Elbe: Ein schwieriges Revier

Wer auf der See- oder Landkarte die Elbmündung mit dem Verlauf der Elbe von Cuxhaven bis Hamburg vergleicht, fragt sich, ob Schiffe in diesem kurvigen Fahrwasser mit ›full speed‹, also mit hoher Geschwindigkeit, fahren dürfen, die vor der Elbmündung noch zulässig war.

Antwort: Es gibt keine Geschwindigkeitsbegrenzung (!), aber Geschwindigkeitsempfehlungen des Wasser- und Schifffahrtsamtes Hamburg für dieses Revier. Aufgrund dieser Empfehlungen sollten die Schiffe vor Cuxhaven, an Brunsbüttel vorbei bis Glückstadt mit maximal 14 Knoten (ca. 25 km/h) ›durch's Wasser‹ fahren. Von Glückstadt bis Hamurg (Wedel/Tinsdal) werden 12 Kno-

Warnschild vor Wellenschlag am Elbufer

1. Bielenberger Strand/Kollmar (südöstlich Glückstadt)
   Schäden: Der Strand wird intensiv zur Erholung genutzt. Erwachsene und Kinder rechnen nicht mit der Wucht und Gefährlichkeit einer über den Strand laufenden Schiffswelle.
2. Hatecke Werft am Ruthenstrom (westlich Kollmar, südliches Elbufer)
   Schäden: Beschädigung der Werftanlagen und in der Umgebung liegender Boote, die von einen zur Niedrigwasserzeit in den Ruthenstom einlaufenden Welle getroffen werden. Einkommende große, tiefgehende Schiffe verursachen hauptsächlich diese Schäden.
3. Gemeindehafen Kollmar
   Schäden: beschädigte Sportbootanlagen
4. Industriehafen Bützfleet (Nähe Stade)
   Schäden: gerissene Vertäuung festgemachter Schiffe
5. Schwingemündung/Stadersand
   Schäden: Gefährdung von Menschen und Material durch die Schwinge einlaufende und den Anleger Stadersand treffende Schiffswellen
6. Lühe Sperrwerk
   Schäden: Niedrig gelegener Parkplatz im Außendeichbereich (!), der insbesondere bei Wasserständen über dem mittleren Tidehochwasser von Schiffswellen überlaufen werden kann. Menschen und erhebliche Sachwerte (Motorräder, Autos etc.) sind dann sehr gefährdet.
7. Yachthafen Neuenschleuse
   Schäden: beschädigte Sportbootanlagen durch Wellen großer, tiefgehender Schiffe, insbesondere zur Niedrigwasserzeit
8. Yachhafen Wedel und Kohlekraftwerk Wedel
   Schäden: beschädigte Sportbootanlagen und gerissene Vertäuung am Kai liegender Kohlefrachter

> Sog und Wellenschlag hängen nicht nur von der Schiffsgröße, sondern auch von der Schiffsform, dem Antrieb des Schiffes (Schiffsschraube) und der Geschwindigkeit des Schiffes ab.

Blick von der Kommandobrücke auf das südliche Elbufer bei Altenbruch. Gut zu erkennen die beiden Richtfeuertürme (Oberfeuer links, Unterfeuer rechts)

können, in Yachthäfen Boote auf- und abschaukeln läßt und schwimmende Pontonanlagen am Elbufer heftig bewegen können. Auch feste Anlegestellen können kurzfristig überflutet und dort abgestellte Fahrzeuge beschädigt werden. Und der Sog kann nicht nur Badende ins Wasser ziehen, sondern auch festvertäute Seeschiffe von den Leinen reißen.

Vor den gefährdeten Stellen empfiehlt der Elblotse der Schiffsführung, die Geschwindigkeit des Schiffes zu reduzieren, um Schäden und damit Schadensersatzansprüche Geschädigter zu vermeiden. Deshalb ergänzt das Wasser- und Schifffahrtsamt Hamburg seine Empfehlungen mit dem Hinweis, daß die Schiffsführung nicht von der Sorgfaltspflicht entbunden ist, gefährlichen Sog und Wellenschlag zu vermeiden – und das gilt nicht nur für die unten genannten Elbuferbereiche. Wie aus der Abbildung ›Gefährdung durch Sog und Wellenschlag‹ zu erkennen ist, sind folgende Orte zwischen St. Margarethen (östlich Brunsbüttel) und Tinsdal/Wedel (westlich Hamburg) am Elbufer gefährdet:

45

Elektronische Seekarte

Elblotse beobachtet den Schiffsverkehr

Altes Leuchtfeuergebäude auf der nördlichen Elbseite mit roter Fahrwassertonne

Orientierungshilfen des Elblotsen

Während dem Seelotsen in der Elbmündung bis zum Erreichen der Wattinseln Scharhörn, Neuwerk und der Küstenlinie Cuxhavens keine Landmarken zur Orientierung zur Verfügung stehen (abgesehen von dem tagsüber sichtbaren blinden Leuchttum auf dem Großen Vogelsand), sind für ihn die Fahrwassertonnen (und Radarbaken) besonders wichtig, zumal erste Richtfeuertürme erst im Küstenbereich die Fahrwassermitte kennzeichnen.

Im Vergleich dazu stehen dem Elblotsen nicht nur Fahrwassertonnen, Richt- und Leuchtfeuer, sondern auch Landmarken zur Verfügung (Leuchttürme, Kirchtürme, Kraftwerke, Industrieanlagen etc.), die seine Navigationsberatung auf der Fahrt nach Hamburg erleichtern. Sind diese Orientierungshilfen bei schlechter Sicht – tagsüber oder nachts – nicht erkennbar, gewinnt das Schiffsradar eine besondere Bedeutung für die Navigation des Schiffes, die durch Landradarberatung ergänzt wird. Die elektronische Seekarte ist für den Lotsen eine ergänzende Orientierungsmöglichkeit. Neben den bordeigenen Orientierungshilfen (Geschwindigkeits-, Kurs- und Ruderlageanzeiger sowie Radarinformation), hat die ständige Beobachtung des Schiffsverkehrs durch den Lotsen eine herausragende Bedeutung für die Navigationsberatung.

Passagemeldungen des Elblotsen

Da jeder Lotse ein aktiver Teil des Verkehrssicherungssystems Elbe ist, obliegt auch dem Elblotsen die Pflicht, sich bei der Verkehrszentrale Brunsbüttel zu melden, zu welchem Zeitpunkt das Schiff festgelegte Meldepunkte passiert hat. Die erste Passagemeldung des Elblotsen erfolgte in Brunsbüttel, also gleich nach dem

Lotsenwechsel. Danach folgen Passagemeldungen in Glückstadt und Stade. Wie bereits beschrieben, leitet die Verkehrszentrale Brunsbüttel die Passagedaten an die Nautische Zentrale in Hamburg weiter, die wiederum alle Behörden und über den Schiffsmeldedienst alle Dienstleister im Hamburger Hafen aktuell informiert. Aufgrund dieses Informationssystems sind alle Hafenbehörden, die Hafenlotsenstation, Reedereien, Schiffsagenten, Kaibetriebe, Schlepper- und Festmacherfirmen darüber informiert, wo sich das erwartete Schiffe gerade auf der Elbe befindet.

Passagemeldung Stade/Stadersand

Von besonderer Bedeutung ist die Passagemeldung Stade/Stadersand, denn von dort sind es nur noch 14 Seemeilen (ca. 25 Kilometer) bis zur Hafen-Lotsenstation (Seemannshöft), also noch ca. eineinhalb Stunden Fahrzeit, bis der Elblotse von dem Hafenlotsen abgelöst wird. Deshalb informiert der Elblotse nicht nur die Verkehrszentrale in Brunsbüttel (Passagemeldung), sondern auch die Hafenlotsenstation, zu welchem Zeitpunkt das Schiff Seemannshöft erreichen wird, damit der dortige Wachleiter den Einsatz des Hafenlotsen präzise planen kann. Auf Wunsch des Kapitäns kann der Elblotse bereits zu diesem Zeitpunkt die Hafenlotsenstation informieren, wie viele Schlepper dem Aufkommer im Hamburger Hafen assistieren sollen.

Gründe für diese vorzeitige Bestellung können ein defekter Bugstrahler und sehr schlechte Witterungsbedingungen sein (Nebel, Sturm, Eisgang u.a.). Die Passagemeldung Stade ist auch deshalb

> Die Passagemeldung Stade ist auch deshalb wichtig, weil dem Kaibetrieb, der Schlepper- und der Festmacher-Einsatzzentrale nur noch kurze Zeit verbleibt, sich auf die Ankunft des avisierten Schiffes (Aufkommer) vorzubereiten.

Schlepper in Neumühlen in Wartestellung

Der Schiffsführer eines ›Seeschiffassistenzschleppers‹ bereitet sich auf den Einsatz vor

47

Links: Einsatzzentrale der Arbeitsgemeinschaft Hamburger Schlepper

Rechts: Einsatzzentrale der Festmacher

Festmacher: Mooring Car und Mooring Tug in Wartestellung

wichtig, weil dem Kaibetrieb, der Schlepper- und der Festmacher-Einsatzzentrale nur noch kurze Zeit verbleibt, sich auf die Ankunft des avisierten Schiffes (Aufkommer) vorzubereiten. Der Kaibetrieb sorgt dafür, daß der Liegeplatz für den Aufkommer rechtzeitig frei wird. Die Einsatzzentralen der Schlepper und Festmacher bereiten sich ebenfalls auf die Ankunft des Schiffes vor.

In der Schleppereinsatzzentrale wird nach dieser Passagemeldung (Stade) überprüft, ob für das erwartete Schiff eine Schlepperbestellung vorliegt. Falls nicht, steht dem Wachleiter der Arbeitsgemeinschaft Schlepper eine handbeschriebene gelbe Kartei zur Verfügung, aus der ersichtlich ist, ob das Schiff bei seiner letzten (oder vorletzten) Ankunft im Hamburger Hafen einen oder mehrere Schlepper angefordert hatte (siehe S. 62: Die ›Gelbe Kartei‹).

Die Einsatzzentrale der Festmacher informiert ihre Mitarbeiter im Hamburger Hafen, die sich entweder mit ›Mooring Cars‹ (Autos) oder ›Mooring Tugs‹ (Boote) auf die Ankunft des Schiffes vorbereiten (Englisch: ›to moor‹ = verankern, vertäuen, festmachen).

Die Revieraus- und -eintrittsmeldung

Bevor das Schiff die Hamburger Landes-/Hafengrenze in Höhe Kraftwerk Wedel/Tinsdal (Tonne 125) erreicht, informiert der Elblotse die noch zuständige Verkehrszentrale in Brunsbüttel in Höhe des Yachthafens Wedel (Tonne 121), daß er deren Revier in wenigen Minuten verlassen wird (Revieraustrittsmeldung). Danach informiert er die Nautischen Zentrale der Port Authority Hamburg, daß sein Schiff in Kürze das Hafenrevier erreichen wird (Reviereintrittsmeldung).

In dem Moment, in dem das Schiff die Hamburger Landes- und Hafengrenze passiert und von der Radarstation auf dem Neßsand erfaßt wird, erhält das aufkommende Schiff von der Nautischen Zentrale ein neues Mitlaufzeichen (Vorgangsnummer), das mit dem Schiffsnamen auf dem Radarschirm erscheint und das Schiff bis zur Kaianlage (Liegeplatz) begleiten wird (siehe S. 11).

Außerdem informiert der Elblotse die Hafenlotsenstation und bestätigt die Anforderung nach einem Hafenlotsen. Der dortige Wachleiter bittet den Elblotsen, sich kurz vor dem Eintritt in das Hafen-

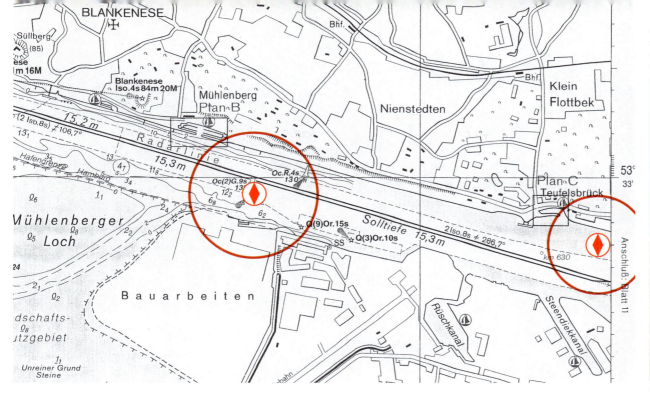

Linke Raute: Hafenlotse löst den Elblotsen auf dem Aufkommer ab
Rechts: Elblotse löst den Hafenlotsen auf dem Abgänger ab

> In dem Moment, in dem das Schiff die Hamburger Landes- und Hafengrenze passiert, erhält das aufkommende Schiff von der Nautischen Zentrale ein neues Mitlaufzeichen (Vorgangsnummer), das mit dem Schiffsnamen auf dem Radarschirm erscheint und das Schiff bis zur Kaianlage (Liegeplatz) begleiten wird.

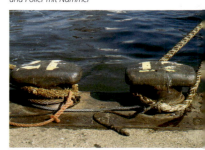

Metermarken an der Kaianlage und Poller mit Nummer

revier bei Tonne 121 (Höhe Yachthafen Wedel) nochmal zu melden, damit er den Einsatz des Hafenlotsen präzise vorbereiten kann.

Den kurzen, noch verbleibenden Zeitraum nutzt der Hafenlotse, sich über das Schiff zu informieren. Neben den Schiffsdaten (Schiffsart, Länge, Breite, Tiefgang) erfährt er auch, ob es mit einem Bugstrahler ausgerüstet ist, der für Hafen- und Anlegemanöver sehr hilfreich ist und den Einsatz eines (vorderen) Schleppers ersetzen kann. Außerdem erfährt der Hafenlotse vom Wachleiter der Hafenlotsenstation, dem die Liegeplatzanweisung der Nautischen Zentrale vorliegt, zu welchem Liegeplatz das Schiff navigiert werden soll und ob es steuer- oder backbordseitig an der Kaianlage anlegen und festgemacht werden soll. Wenn in der Liegeplatzanweisung keine Anlegeseite vorgegeben ist, entscheidet der Kapitän – in Abstimmung mit dem Hafenlotsen –, ob steuer- oder backbordseitig anzulegen ist. Generell wird dann gegen den Strom (Ebbe oder Flut) angelegt. Jeder Liegeplatz ist mit Metermarken und numerierten Pollern gekennzeichnet.

Dann wirft er noch einen Blick auf die aktuellen Peilpläne des Hafenbeckens und des Liegeplatzes, die in der Hafenlotsenstation aushängen, und weiß aufgrund des Gezeitenkalenders, ob er das

Lotsenboot vor Teufelsbrück

> **Auszug aus der Hafenlotsenordnung (vom 17. 7. 2001):**
> »Der Lotsdienst im Hafenlotsrevier obliegt den in der Hafenlotsenbrüderschaft zusammengeschlossenen Hafenlotsen. Bei abgehenden und verholenden Seeschiffen ist der Hafenlotse mindestens 2 Stunden vorher anzufordern – und bei aufkommenden Seeschiffen beim Passieren von Brunsbüttel.«

Schiff gegen ablaufendes (Ebbe) oder mit dem auflaufenden Wasser (Flut) zu manövrieren hat. Außerdem informiert er sich über Windstärke und -richtung (Seewetterbericht), die seine Manöver erheblich beeinflussen. Mit diesen Informationen, der ausgedruckten Lotsbescheinigung und dem UKW-Funkgerät (sowie einem Handy (!), wartet er auf seinen Einsatz. Das Lotsenboot steht bereit.

Schiffsmeldung Hafengrenze Tinsdal (Tonne 125)

In dem Moment, in dem der Elblotse mit dem Schiff die Hamburger Hafengrenze erreicht hat, meldet er sich nochmals bei der Nautischen Zentrale, die diesen Passagezeitpunkt über den Datenverbund Elbe alle Hafenbehörden und über den Schiffsmeldedienst alle Dienstleister informiert, die auf die Ankunft des Schiffes bereits vorbereitet sind.

Hektik im Hamburger Hafen

Kurz nach der Tinsdal-Meldung des Elblotsen, der sich auf seinen Abschied von dem Schiff vorbereitet, das er von Brunsbüttel bis zum Hamburger Hafen sicher navigierte bzw. nach seinen Anweisungen navigieren ließ, beginnt die alltägliche Hektik derer, die im Hafen verantwortlich sind, den Aufkommer sicher zum Liegeplatz zu schleppen (Schlepper) und dort festzumachen (Festmacher), um ent- und beladen zu werden. Das setzt aber voraus, daß an Bord

50

Vorbereitete Schiffsleinen auf dem Schiffsdeck

des aufkommenden Schiffes alle Vorbereitungen getroffen wurden, damit nicht nur der Lotsenwechsel reibungslos funktioniert (Lotsengeschirr/Lotsenleiter an der Steuerbordwand), sondern alle Schiffsleinen/Trossen für Schlepper und Festmacher auf dem Vorder- und Achterdeck bereitliegen.

In der Schlepperzentrale ist der dortige Wachleiter durch den Schiffsmeldedienst über alle aufkommenden Schiffe informiert. Aufgrund seiner mehrjährigen Erfahrung weiß er, ob ein Aufkommer ein, zwei oder mehrere Seeschiff-Assistenz-Schlepper benötigt. Das gilt besonders für Schiffe, die regelmäßig den Hamburger Hafen ansteuern. Außerdem steht ihm die bereits erwähnte gelbe Kartei zur Verfügung, aus der hervorgeht, wie viele Schlepper das Schiff bei seiner letzten und vorletzten Ankunft benötigte.

Und obwohl zu diesem Zeitpunkt noch keine Schlepperbestellung des Hafenlotsen vorliegt, informiert der Wachleiter den

Lotsenleiter an der Bordwand

Schlepper wartet am Ponton Teufelsbrück auf seinen Einsatz

›Mooring Car‹ und Team auf dem Kai

Kurz nach der Tinsdal-Meldung des Elblotsen beginnt die alltägliche Hektik derer, die im Hafen verantwortlich sind, den Aufkommer sicher zum Liegeplatz zu schleppen (Schlepper) und dort festzumachen (Festmacher), um ent- und beladen zu werden.

51

Mooring Tug vor Dock 10 von Blohm + Voss

oder die Schlepperkapitäne, dem Aufkommer von Neumühlen aus entgegenzufahren, um in Höhe Finkenwerder/Airbus oder Teufelsbrück für das ankommende Schiff bereit zu sein. Das Schlepperteam (Kapitän, Maschinist und Decksmann) wird informiert, an welcher Kaianlage (Liegeplatz) der Aufkommer anlegen soll.

In der Festmacherzentrale koordiniert der Wachleiter den Einsatz der Festmacher, die vor der Ankunft des Schiffes mit ihrem ›Mooring Car‹ am Liegeplatz der Kaianlage auf den Aufkommer warten. Falls das erwartete Schiff in einem Hafenbecken an ›Duckdalben‹ festgemacht werden muß, sind die Festmacher mit dem ›Mooring Tug‹ (Festmacherboot) rechtzeitig vor Ort.

Der Hafenlotse

Unterschied zum Seelotsen

Im Gegensatz zu den Kollegen in der Elbmündung und auf der Elbe, ist der Hafenlotse zwar an Bord desselben Schiffes, muß es aber im Hamburger Hafenrevier auf engstem Raum manövrieren, um es sicher an den Liegeplatz zu navigieren, ob mit oder ohne Schlepperhilfe.

Ankunft des Aufkommers im Hamburger Hafen (von der Kommandobrücke aus gesehen)

Aufkommer, Verholer und Abgänger

Im Gegensatz zu seinen See- und Elblotsenkollegen, die überwiegend aufkommende und abgehende Seeschiffkapitäne beraten, ist der Hafenlotse auch für jene Schiffe zuständig, die im Hafen zwischen den Kaianlagen hin- und herfahren, um Ladung abzugeben bzw. aufzunehmen, bis sie den Hafen wieder verlassen.

Aufkommer mit Lotsenboot (Hafenlotse löst Elblotsen ab)

Verholer (Feederschiff) am Kai

Diese Verholer genannten Schiffe (verholen: das Verlegen eines Schiffes nach einen anderen Liegeplatz) sind überwiegend kleinere Containerschiffe, die an Kaianlagen Container und Stückgut der großen Pötte übernehmen oder vor Ankunft dort abliefern. Deshalb ist auch der Begriff ›Feederschiff‹ eine gebräuchliche Bezeichnung für diesen Schiffstyp, der oft an der Bordwand zu erkennen

Abgänger mit Lotsenboot (Elblotse löst Hafenlotsen ab)

ist (z.B. Unifeeder). Die Bezeichnung Feeder leitet sich von dem englischen Wort ›to feed‹ = versorgen, füttern ab.

Im Jahr 2005 zählte die Hafenlotsenbrüderschaft 33.000 Einsätze (2004: 30.000), in der auch die Navigationsberatungen für lotsenpflichtige Verholer im Hamburger Hafen enthalten sind.

Ein oder zwei Hafenlotsen an Bord?

Zur Sicherheit und Leichtigkeit des Schiffsverkehrs im Hamburger Hafen gehört auch, daß für größere Schiffe nicht ein, sondern zwei Hafenlotsen an Bord sein müssen. Einer übernimmt dann den Funkkontakt zu den Verkehrsteilnehmern auf der Elbe und im Hafenbecken (Funkkanal 74/Arbeitskanal Hafen) und zur Nautischen Zentrale (Kanal 14), während sich der Kollege auf die Navigation des Schiffes und auf die Zusammenarbeit mit einem oder mehreren Schleppern konzentriert.

Größere Schiffe, für die zwei Hafenlotsen ab Lotsenhöft von der Port Authority vorgeschrieben sind, werden nach Länge und Breite definiert. Dazu folgende Beispiele:

- Autotransporter   ab 180 m Länge und 28 m Breite
- Tankschiffe   ab 200 m Länge und 30 m Breite
- Containerschiffe[1]   ab 250 m Länge und 33 m Breite
- Fahrgastschiffe[1]   ab 250 m Länge und 33 m Breite
- Massengutfrachter[1]   ab 220 m Länge und 33 m Breite
- Eindocken[2] (B + V)   ab 200 m Länge und 30 m Breite

[1] Zwei Lotsen, wenn das Schiff gedreht werden muß; wenn nicht, dann zwei Hafenlotsen erst ab einer Schiffslänge von 300 m. Dazu ergänzender Kommentar der Port Authority: »Für Schiffe, denen eine ›Schifffahrtspolizeiliche Genehmigung‹ erteilt wird, ist die Anzahl der benötigten Lotsen von Fall zu Fall von der Port Authority im Einvernehmen mit der Hafenlotsenbrüderschaft festzusetzen.«

[2] Für das Eindocken von Seeschiffen in das Trockendock ›Elbe 17‹ (von den Landungsbrücken gut zu erkennen) sind drei Hafenlotsen im Einsatz!: zwei auf dem Schiff und einer auf dem Docktor, mit dem ›Elbe 17‹ vor dem Eindocken geöffnet und nach dem Eindocken geschlossen wird (siehe: Ein- und Ausdocken, Blohm + Voss, Seite 77).

Bei außergewöhnlich großen Schiffen (z.B. QUEEN MARY 2 oder FREEDOM OF THE SEAS) müssen aus Sicherheitsgründen drei Lotsen an Bord sein und einer auf dem Docktor (Elbe 17). Zusätzlich ist ein Kollege für die Landradarberatung bereitzustellen.

Hafenlotse in Lee oder Steuerbord an Bord?

Während die Seelotsen vor Brunsbüttel und in der Elbmündung auf der Lee-Seite des Schiffes an Bord gehen – und das kann je nach Windrichtung die Steuer- oder Backbordseite sein – geht der Hafenlotse (fast) immer auf der Steuerbordseite des Aufkommers an Bord. Das gilt auch für die Elblotsen, die vor Teufelsbrück die Abgänger bis Brunsbüttel beratend begleiten.

Warum Steuerbord?

Die beiden Lotsenboote (Lotse 1 und Lotse 2), die sowohl Hafen- als auch Elblotsen versetzen oder ausholen, legen deshalb steuerbordseitig an, weil der ›Schwell‹ entgegenkommender Schiffe den Lotsenwechsel erheblich gefährden kann. Außerdem bleibt bei diesem Lotsenwechsel die Fahrrinne frei.

Der Hafenlotse geht an Bord

Nachdem sich der Hafenlotse in der Hafenlotsenstation auf seinen Einsatz vorbereitet hat und weiß, an welchen Liegeplatz das Schiff anlegen soll, fährt er mit dem Lotsenboot 1 oder 2 dem Aufkommer entgegen, um den Elblotsen zwischen Blankenese und Finkenwerder (Airbus) abzulösen. Er weiß auch, ob das Schiff steuer- oder backbordseitig an der Kaianlage anlegen soll und ob das Schiff um 180° gedreht

Das Lotsenboot hat den Hafenlotsen ›versetzt‹ und den Elblotsen ›ausgeholt‹. Siehe auch Seite 49: Versetz- und Ausholpositionen zwischen Blankenese und Teufelsbrück

55

Lotsenboot fährt dem Aufkommer entgegen

Blick von der Hafenlotsenstation auf das Fahrwasser der Elbe. Aufkommer während des Lotsenwechsels

Decksmann hält die Lotsenleiter und stabilisiert sie mit dem Fuß

56

werden muß. Ist in der Liegeplatzanweisung der Nautischen Zentrale das Kürzel o.S. (ohne Seite) angegeben, darf sich der Kapitän die Seite aussuchen. Generell wird dann gegen den Strom angelegt.

Der gefährliche Moment

Während das Lotsenboot an der Steuerbordseite des Schiffes längsseits fährt, steht der Hafenlotse auf der Bordkante des Lotsenbootes: Eine Hand am Reelingsgriff, die andere frei für die schwankende Lotsenleiter. Daneben der Decksmann, der sich ebenfalls mit einer Hand festhält, um in dem entscheidenden Moment dem Lotsen beim Ergreifen der Lotsenleiter behilflich zu sein.

Hafenlotse auf der Lotsenleiter. Decksmann/Schiff wartet auf den Hafenlotsen

Wie bei jedem Lotsenwechsel üblich, muß auch der Hafenlotse im Eiltempo die Kommandobrücke erreichen – ob mit oder ohne Fahrstuhl –, um den Elblotsen abzulösen.

> **EXKURS:**
>
> **Seelotse in Hamburg an Bord?**
>
> *Warum gehen Seelotsen für den Lotsbezirk II (Brunsbüttel-Lotsenstationsschiff ELBE PILOT) gelegentlich bereits in Hamburg an Bord eines ausgehenden Schiffes?*
> Antwort:
> Wenn der Seelotse aufgrund stürmischer See (ab Windstärke 7) in Brunsbüttel nicht versetzt werden kann, weil sonst Lebensgefahr bestünde, und das Schiff beim ›Leemachen‹ aus dem Fahrwasserbereich kommen könnte, geht er bereits in Hamburg mit dem Elblotsen an Bord eines auslaufenden Schiffes. Das gilt besonders für große, windanfällige Schiffe.
> Kann der Elblotse in Brunsbüttel nicht ausgeholt werden, bleibt er mit dem Seelotsen an Bord. Und falls beide auch in der Elbmündung nicht zum Lotsenstationsschiff ELBE PILOT ausgeholt werden können, bleiben sie bis zum nächsten Hafen an Bord. Es ist also nicht ungewöhnlich, wenn Elb- und Seelotse bis Dover, Southampton, Rotterdam etc. mitfahren und von dort mit dem Flugzeug nach Hamburg zurückfliegen.

Der Hafenlotse auf der Brücke

Während der Elblotse die Brücke verläßt, informiert sich der Hafenlotse beim Kapitän über die Manövriereigenschaften des Schiffes, der ihm die Pilot Card aushändigt, in der die wichtigsten Schiffsdaten und Fahreigenschaften festgehalten sind. Hauptsächlich interessiert sich auch der Hafenlotse für die Drehrichtung des Schiffspropellers, die Leistung des Bugstrahlers, die Art des Ruders und die Geschwindigkeit des Schiffes bei ›Ganz langsam voraus‹ (dead slow ahead).

Außerdem beobachtet er das Radargerät, das Log (Geschwindigkeitsmesser), um die Stärke des Gezeitenstroms aus der Differenz von ›Fahrt über Grund‹ und ›Fahrt durch's Wasser‹ zu errechnen. Die elektronische Seekarte ist für das Manövrieren im Hamburger Hafen weniger geeignet. Erste Kurs- und Geschwindigkeitsempfehlungen gibt der Hafenlotse, sobald er das Schiff vom Elblotsen übernommen und der Elblotse das Schiff verlassen hat. Sobald der Hafenlotse das Schiff übernommen hat, nimmt er über UKW-Kanal 14 Kontakt mit der Nautischen Zentrale auf, um zu klären, ob der Liegeplatz frei ist (Liegeplatzabgleich).

Zwei Hafenlotsen auf der Brücke (Dritter von links im Gespräch mit dem Kapitän; rechts, den Schiffsverkehr beobachtend)

57

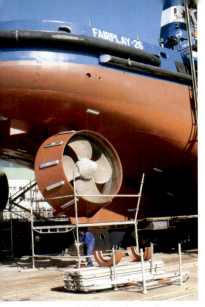

Zwei drehbare Ruderpropeller am Heck des Schleppers – am Rumpf sind die drehbaren Scheiben zu erkennen

Twin-Schottel-Antrieb eines Fairplay-Schleppers

Außerdem kann er von dem Wachleiter der Nautischen Zentrale Informationen über die Verkehrssituation des anzusteuernden Hafenbeckens erhalten, die vom Schiffsradar nicht erfaßt werden kann. Kommentar Hafenlotse: »Ein Schiffsradar kann nicht um die Ecke sehen!« Bei schlechter Sicht (Nebel, stürmische See etc.) erhält der Lotse Landradarberatung von einem Kollegen. Bemerkung Lotse: »Bei Nebel sind unsere Radarschirme von Kollegen besetzt, die für eine präzise Radarberatung sorgen.«

Und weil der Hafenlotse jederzeit von dem Wachleiter der Hafenlotsenstation erreichbar sein muß (!), kommunizieren beide über den Lotsenkanal 9. Zu ergänzen ist, daß der Hafenlotse ständig den Verkehrskanal (Kanal 74) eingeschaltet hat, so daß er immer informiert ist, wo welches Schiff in Bewegung ist.

Darüber hinaus stehen ›Schiff-Schiff-Kanäle‹ zur Verfügung, auf denen sich Kapitäne und Steuerleute von verschiedenen Schiffen unterhalten können, ohne andere dabei zu stören (z.B. Kanal 77; auch ›Quasselkanal‹ genannt). Als Arbeitskanal wird im Hamburger Hafen eine Frequenz benutzt, auf der Hafenlotsen mit Schleppern und Bootleuten (Festmachern) arbeiten können, ohne auf dem Verkehrskanal 74 zu stören.

Seeschiff-Schlepper: Partner der Hafenlotsen

Schlepper, die aufgrund ihrer Maschinenleistung (1.740 bis 5.000 PS) und ihres flexiblen Antriebssystems auch größte Seeschiffe ziehen, bremsen, drehen und an die Kaimauer drücken können, werden ›Seeschiff-Assistenz-Schlepper‹ genannt.

Sie sind immer dann im Einsatz, wenn die Manövrierfähigkeit eines Seeschiffes nicht ausreicht, den Liegeplatz sicher zu erreichen oder zu verlassen. Ihre wendigen Fahreigenschaften und Zugleistung (Pfahlzug genannt) sind auf ihre ungewöhnlichen Antriebssysteme zurückzuführen.

Fairplay-Schlepper mit Schottel-Antrieb in der Volkswerft Stralsund

Ohne hier auf technische Details einzugehen, seien die beiden Antriebssysteme kurz erläutert: Der Schottel-Antrieb besteht aus einem oder mehreren Propellern, die am Rumpf an einer drehbaren Scheibe befestigt sind. Jeder Ruderpropeller kann einzeln in jede beliebige Richtung gedreht/gesteuert werden, so daß der Schlepper auf den Punkt drehen und vorwärts wie rückwärts mit gleicher Geschwindigkeit fahren kann. Ein Ruderblatt wird nicht benötigt.

58

Schlepper mit Voith-Schneider-Antrieb in der Norderwerft, Hamburg

Drehbare Scheibe mit fünf senkrechten drehbaren Flügeln/Messern

> Unabhängig von dem Antriebssystemen sind alle Seeschiff-Assistenz-Schlepper aufgrund ihrer Zugkraft und exzellenten Manövrierfähigkeit unerlässliche Partner der Hafenlotsen und Kapitäne.

Das Voith-Schneider-Antriebssystem hat statt der drehbaren Propeller eine rotierende Scheibe, an der drei bis sechs verstellbare, senkrecht befestigte Flügel bzw. Schaufeln befestigt sind, mit denen der Schlepper in jede beliebige Richtung manövrieren kann.

Unabhängig von dem Antriebssystemen sind alle Seeschiff-Assistenz-Schlepper aufgrund ihrer Zugkraft und exzellenten Manövrierfähigkeit unerlässliche Partner der Hafenlotsen und Kapitäne, da sie beim Voraus- und beim Rückwärtsfahren über die gleiche Fahr- und Steuereigenschaft verfügen: ob beim Ziehen, Aufstoppen (Abbremsen), Wenden oder Drehen eines Seeschiffes, bis hin zu komplizierten An- und Ablegemanövern an den Kaianlagen oder während der Ein- und Ausdockmanöver in die Docks von Blohm + Voss.

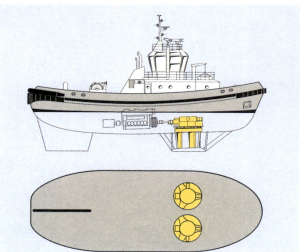

Eindockmanöver auf engstem Raum im Dock 11 von Blohm + Voss

Vereinfachte Darstellung des Voith-Schneider-Antriebs
Quelle: Voith-Schneider

59

KOTUG-Schlepper in Wartestellung (Neumühlen)

*) Ein Schiff mit einem Tiefgang von z.B. 13 m entspricht einem fünfstöckigen Häuserblock unter Wasser! So ist vorstellbar, daß tiefgängige Schiffe sehr strömungsabhängig sind. Sie bewegen sich wie eine riesige Wand im auflaufenden oder ablaufenden Wasser.

**) Schiffe mit hohen Schiffsaufbauten (z.B. Autotransporter und große Containerschiffe), die bis zu acht Stockwerke aus dem Wasser ragen, sind besonders windanfällig, weil Bordwandfläche und Aufbauten – einschließlich der Kommandobrücke – eine Windangriffsfläche von mehreren Tausend Quadratmetern haben.

Schlepper-Reedereien im Hamburger Hafen

Im Hamburger Hafen bieten folgende Reedereien ihren Schlepperservice für Seeschiffe an:

- Bugsier-, Reederei- & Bergungs-Gesellschaft
- FAIRPLAY Schleppdampfschiffs-Reederei
- Lütgens & Reimers
- Neue Schleppdampfschiffsreederei
- Petersen & Alpers
- KOTUG Schleppreederei

Im Gegensatz zu den obengenannten fünf Schlepp-Reedereien, deren Schleppereinsatz in der ›Arbeitsgemeinschaft Hamburger Schlepper‹ koordiniert wird, operiert die KOTUG-Reederei selbständig. Anzumerken ist aber, daß ARGE Schlepper und KOTUG problemlos zusammenarbeiten, wenn gegenseitige Hilfe notwendig ist – oder wie ein Wachleiter der ARGE formulierte: »Wenn Not am Mann ist!« Kurz: Man hilft sich gegenseitig!, trotz vieler Querelen in der Vergangenheit, als die holländischen Schlepper zum ersten Mal im Hamburger Hafen ihre Arbeit anboten.

Schleppereinsatz im Hamburger Hafen

Erst wenn der Hafenlotse seine Navigationsberatung auf dem Aufkommer übernommen hat, klärt er mit dem Kapitän die Anzahl der benötigten Schlepper. Dazu folgende Bemerkungen:

Ein Großteil der aufkommenden kleineren Schiffe (z.B. Feeder-Schiffe), können aufgrund ihrer technischen Ausstattung (Bugstrahler, Schiffsantrieb) und des geringeren Tiefgangs ohne Schlepperhilfe den Hafen und die Kaianlage ansteuern. Und dennoch gibt es Situationen, z.B. heftige Stürme oder starke Strömungen im Fahrwasser der Elbe, die eine Schlepphilfe auch bei diesen Schiffstypen erfordern, damit sie unfallfrei den Liegeplatz erreichen.

Bei größeren, tiefgängigen Schiffen mit großflächigen, windanfälligen Aufbauten (inklusive Ladung/Container), die ohne Schlepperhilfe den Liegeplatz nicht erreichen können, klären Kapitän und Hafenlotse, wie viele Schlepper benötigt werden, wobei diese Entscheidung nicht nur von der Größe, sondern auch von der Manövrierfähigkeit des Schiffes abhängt (Bugstrahler). Außerdem sind die aktuellen Wetterbedingungen und die Strömungsverhältnisse auf der Elbe ebenfalls wichtige Entscheidungskriterien für Kapitän und Hafenlotse.

Das gilt besonders für Schiffe, die aufgrund ihres Tiefgangs*) erstens sehr strömungs- und durch hohe Aufbauten**) zweitens sehr windanfällig sind und deshalb auf Schlepperassistenz angewiesen sind.

Containerschiff, das nur mit Schlepperhilfe den Hamburger Hafen und den Liegeplatz erreichen und verlassen konnte (hier: Abgänger)

Vor der Schlepperbestellung kann sich der Hafenlotse nicht darauf verlassen, ob das Schiff bei seinem letzten Besuch im Hamburger Hafen einen oder mehrere Schlepper benötigte. Entscheidend sind Größe und Manövrierfähigkeit des Schiffes (!), Windstärke und -richtung und die Strömungsgeschwindigkeit der Elbe, ob bei auf- oder ablaufendem Strom (Flut oder Ebbe).

Entscheidend ist auch, ob das Schiff auf der Elbe oder im Hafenbecken um 180° gedreht werden soll (siehe: Wendekreise im Hamburger Hafen, S. 68/69). Wende- und Drehmanöver, die der Hafenlotse mit dem Kapitän abstimmt, beeinflussen auch die Anzahl der Schlepper.

Aber wer organisiert den Einsatz der Schlepper, bevor der Hafenlotse an Bord ist?

Wachleiter in der Schlepperzentrale
Foto: Petersen & Alpers

Schleppereinsatzzentrale – ARGE Hamburger Schlepper

Bevor der Hafenlotse den Elblotsen ablöst, bereitet der Wachleiter der ›ARGE Hamburger Schlepper‹ den Einsatz der Schlepper vor.

Basis dieser Entscheidung ist die Passagemeldung ›Stade‹ des Elblotsen, die auf dem Computerbildschirm erscheint (siehe Abb. rechts unten und S. 38) und den Wachleiter veranlaßt, die für den Einsatz freien Schlepper zu informieren, damit sich die Mannschaft innerhalb der nächsten 30 Minuten auf den Einsatz für den Aufkommer vorbereiten kann, den sie ab Tonne 133 (Höhe Airbus) bis zum Liegeplatz assistieren werden. Fahrzeit von Neumühlen (Schlepperstandort) bis Tonne 133 ca. 20 bis 30 Minuten, je nachdem, ob die Schlepper mit dem ablaufenden Wasser (Ebbe) oder gegen das auflaufende Wasser (Flut) fahren.

Die Bildschirm-Informationen im Detail (von links nach rechts):
- Schiffsname
- Nationalität
- BRZ (Bruttoraumzahl; früher BRT (Bruttoregistertonnen)
- Liegeplatz (Kaianlage) im Hamburger Hafen
- HO (Holtenau, Kiel) Passagemeldung für Schiffe, die den Nord-Ostsee-Kanal von Kiel/Holtenau bis Brunsbüttel passieren und den Hamburger Hafen ansteuern.

Passagemeldungen auf dem Bildschirm in der Arbeitsgemeinschaft Hamburger Schlepper. Beispiel: Das Schiff SCAN ARTIC hat sich um 5.50 Uhr bei Elbe 1 (E1) und zuletzt in Glückstadt (GL) um 9.40 Uhr gemeldet und hat Stade noch nicht passiert. Neben den Passagemeldungen (einschließlich Stade (ST), Glückstadt (GL) und Hamburg/Lotsenhöft (HH)) erfahren die Empfänger dieser Schiffsmelde-Information, welcher Schiffsmakler das Schiff im Hafen betreut.

61

> Auszug aus der »Verordnung zur Durchführung der Seeschiffassistenz im Hamburger Hafen«:
> »Seeschiffassistenzschlepper … sind Fahrzeuge …, die zum Schleppen und/oder Schieben ausgerichtet sind und mindestens 15 t Pfahlzug leisten.«
> Anmerkung des Autors:
> »Pfahlzug definiert die maximale Zugleistung eines Schleppers.
> Das heißt:
> Je höher die PS-Leistung der Maschine, um so höher der Pfahlzug.«

- E 1 Erste Passagemeldung bei Tonne ›Elbe‹ (Elbe One), westlich vom Scharhörn Riff, für Schiffe, die von der Nordsee kommend die Elbmündung ansteuern
- CX Passagemeldung Cuxhaven
- BB Passagemeldung Brunsbüttel
- ST Passagemeldung Stade (auf dem Bildschirm grün unterlegt).
- Entfernung
  Stade/Hamburger Hafen (Seemannshöft): 18 Seemeilen (ca. 33 Kilometer).
- TI Passagemeldung Tinsdal/Wedel (wichtig für den Einsatz der Hafenlotsen)
- HH Passagemeldung Hafenlotsen-Station Hamburg (Seemannshöft)
- Makler: Schiffsmakler/Agent oder Reederei. Verantwortlich für die Abfertigung und Betreuung von Schiffen und deren Besatzungen. Ansprechpartner für Hafenbehörden, Kaibetriebe, Lotsen, Schlepper- und Festmacherzentralen
- sowie Schiffsausrüstern und Zoll.

Die gelbe Kartei. Handschriftliche Eintragungen der benötigten Schlepper in den letzten Jahren. Für jedes Schiff gibt es eine Karte.

Wie viele Schlepper?

Da jeder Wachleiter für den Einsatz der Schlepper verantwortlich ist, entscheidet er, wie viele Schlepper dem Aufkommer entgegen fahren sollen, bevor der Hafenlotse an Bord des Aufkommers mit dem Kapitän entscheiden wird, wie viele Schlepper notwendig sind. »Wir treten in Vorleistung«, sagt der Wachleiter, »obwohl wir nicht wissen, wie sich Kapitän und Lotse entscheiden werden!« »Wir gehen auf Nummer Sicher! … einen Heckschlepper brauchen sie immer …!«

Basis seiner Entscheidung ist die Schiffsgröße (BRZ), der Liegeplatz/Kaianlage im Hamburger Hafen, aktuelle Witterungsbedingungen und die gelbe Kartei, aus der hervorgeht, wie viele Schlepper das Schiff bei seinem letzten Besuch benötigte. Bevor der Wachleiter der ARGE Schlepper eine endgültige Entscheidung trifft, will er wissen, ob das aufkommende Schiff vor Erreichen des Liegeplatzes mit Schlepperhlfe gedreht werden muß. Außerdem berücksichtigt er die aktuelen Strömungsverhältnisse der Elbe (auf- oder ablaufendes Wasser), und er will wissen, ob Windstärke und -richtung das Schleppmanöver erleichtern oder erschweren.

Erst wenn diese Faktoren geklärt sind, entscheidet der Wachleiter die Anzahl der Schlepper, unabhängig davon, wie sich Kapitän und Hafenlotse des aufkommenden Schiffes eine halbe Stunde später entscheiden werden. Auch hier gilt: ›Sicherheit & Leichtigkeit‹ des Schiffsverkehrs im Hamburger Hafen.

Nachdem der oder die Schlepper rechtzeitig vom Wachleiter informiert wurden und das Schlepperteam alle Vorbereitungen getroffen hat, wozu auch das langsame Hochfahren der Maschine gehört, verläßt der Schlepper oder verlassen die Schlepper Neumühlen Richtung Tonne 133. Schiffsname, Schiffstyp/Größe und Liegeplatz wurde ihnen vorher von dem Wachleiter mitgeteilt.

Das Seeschiff HORNBAY hatte am 13. März 2005 einen Heckschlepper

Schlepper verläßt Neumühlen und fährt dem Aufkommer entgegen.

Hafenlotse bestellt Schlepper

Während der Navigationsberatung klärt der Hafenlotse mit dem Kapitän die Anzahl der benötigten Schlepper, unabhängig davon, ob ein oder zwei Schlepper bereits dem aufkommenden Schiff entgegenfahren. Beispiel: Hafenlotse bestellt über Funk die Anzahl der Schlepper: »Schiff XY[1], Aufkommer, Tonne 133 zum Bukai[2], hätte gern X Schlepper.« ([1] XY = Schiffsname; [2] Kurzformel für Burchardkai [Kaianlage]; Tonne 133 ist die Position des Schiffes, wo die Schlepper von dem Hafenlotsen für den Aufkommer erwartet werden.)

Dazu folgende Bemerkungen:

Wenn nur ein Schlepper benötigt wird, aber zwei dem Aufkommer entgegengefahren sind, muß ein Schlepper ohne Auftrag zurückfahren. Der Schlepper, der sich über Funk (Kanal 74) als ›erster Mann‹ beim Hafenlotsen gemeldet hat, erhält den Schleppauftrag, weil er als erster für den Aufkommer von dem Wachleiter der Schlepperzentrale eingeteilt wurde.

Sind zwei Schlepper notwendig, aber nur einer in Wartestellung oder dem Aufkommer entgegenkommend, fragt der Hafenlotse den Schiffsführer des Schleppers: »Sind sie allein?« Wenn das be-

Schlepper am Heck des Schiffes

Schlepper am Bug des Schiffes

jaht wird, erwidert der Hafenlotse: »Bitte bestellen sie noch einen Kollegen dazu!« Wenige Minuten später informiert der Schiffsführer den Lotsen: »Schlepper XY kommt dazu!« Der dazugerufene Schlepper meldet sich dann auf Kanal 74 beim Lotsen, sobald er von Neumühlen abgelegt hat.

Schlepper vorn oder achtern?

Wird nur ein Schlepper benötigt, wird seine ›Assistenz‹ am Heck des Schiffes eingesetzt, weil die Kraft des Bugstrahlers des Aufkommers den vorderen Schlepper ersetzt. Die Aufgabe des Heckschleppers besteht u.a. darin, die Geschwindigkeit des Schiffes abzubremsen (›aufstoppen‹), bei Dreh- und Wendemanövern und beim Anlegen (Kaianlage) zu unterstützen.

Anmerkung: Sind zwei Schlepper erforderlich, wird der stärkere Schlepper achtern und der schwächere vorn eingesetzt, der den Bugstrahler des Schiffes ersetzt oder ergänzt.

Heckschlepper ›macht fest‹

Wurfleine eines Seeschiffes mit Wurfgewicht (unten)

Wenn nur ein Schlepper benötigt wird, erhält der Schiffsführer von dem Hafenlotsen per Funk die Anweisung: »Schlepper XY achtern in der Mitte!« Daraufhin fährt der Schlepper rückwärts sehr nah an die Heckmitte des Schiffes heran – nur wenige Meter von der Schiffsschraube entfernt –, wo der Decksmann wartet, bis die Wurfleine (englisch: heaving line) vom Heck des Schiffes zum Schlepper heruntergeworfen wird. (Falls die Wurfleine ins Wasser fällt, wird sie von dem Decksmann mit einem Bootshaken herausgefischt).

Schiffsführer Schlepper am Bug des Schiffes; Schleppleine ›tight‹

Wurfleine wird vom Schiff auf das Achterdeck des Schleppers geworfen

Links: Jagerleine (Aufholer) auf dem Achterdeck des Schleppers, rechts ist die Jagerleine mit der stählernen Schleppleine verbunden.

Auf dem Achterdeck des Schleppers verknotet dann der Decksmann die Wurfleine mit der Jagerleine (auch Aufholer genannt) und signalisiert mit einem Handzeichen, daß die Wurfleine mit der Jagerleine hochgezogen werden kann.

Dazu muß folgende Frage beantwortet werden: Warum kann das zentnerschwere 4 cm dicke Stahlseil, die Schleppleine, nicht mit der Wurfleine an Bord gezogen werden? Antwort: Die nur fingerdicke Wurfleine ist zu schwach und würde sofort reißen!

Deshalb wird die Wurfleine des Schiffes auf dem Achterdeck des Schleppers mit der daumendicken Jagerleine aus Hanf oder Kunsstoff verbunden. Sobald sie an Bord gehievt wurde, wird die Wurfleine gelöst und die Jagerleine mit einer Schiffswinde verbunden. Die Winde zieht dann die Jagerleine, die mit dem Schleppseil verbunden ist, an Bord. Dort wird das Auge der Schleppleine über einen Poller gelegt: Das Stahlseil des Schleppers ist in dem Moment fest mit dem Schiff verbunden.

Ein Decksmann des Schiffes signalisiert dann, daß die Schleppleine fest verankert ist. Das kann ein Handzeichen sein, international üblich ist aber ein Überkreuzen der Arme. Dieses optische Signal veranlaßt den Maschinisten des Heckschleppers, die Schlepp-

Schleppleine wird an Bord gehievt. In der Bildmitte die Schlepperwinde

Bild links: Ein Decksmann verbindet die Wurfleine mit der Jagerleine.

Bild rechts: Schiffswinde auf dem Heck des Aufkommers

65

Lose Schleppleine zwischen Schiff (Bug) und Schlepper

Der Hafenschlepper zieht das Containerschiff achtern nach Steuerbord

Lose Schleppleine zwischen Schiff und Schlepper (Heck)

> Die Distanz von ca. 45 m zwischen Heckschlepper und Schiff ist wichtig, damit das Schleppmanöver nicht durch das Schraubenwasser des Schiffes beeinträchtigt wird.

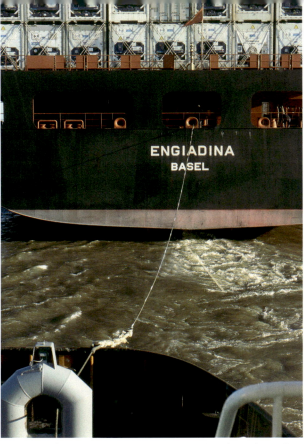

Schleppleine zwischen Schiff (Heck) und Schlepper ›tight‹. Schlepper bremst das Schiff (Aufstoppen)

leine mit Hilfe der Winde zu verlängern, um den Abstand zwischen Schlepper und der Schiffsschraube des Aufkommers auf ca. 45 m zu verlängern. Diese Distanz ist wichtig, damit die Schleppmanöver nicht durch das Schraubenwasser des Schiffes beeinträchtigt werden. Und weil der Hafenlotse an Bord des Aufkommers wissen muß, ab wann der Schlepper einsatzfähig ist, meldet der Schlepperkapitän dem Hafenlotsen über Kanal 74: »Schlepper achtern fest!« Von diesem Moment an kann sich der Hafenlotse auf die Zusammenarbeit mit dem Schlepper verlassen, – bis zum Liegeplatz.

Wenn der Schlepper noch keine Schiffsmanöver unterstützen muß, fährt der Schlepper mit loser Leine. Erst wenn der Hafenlotse die Manövrierhilfe des Schleppers benötigt, wird die Schlepplei-

66

Schleppleine ›tight‹ am Bug des Schiffes. Schlepper zieht nach Steuerbord.

Containerschiff zum Köhlbrand (CTA = Container Terminal Altenwerder); rechts wartet der Schlepper auf Anweisung des Lotsen

Schleppleine, die die bei Schleppmanövern entstehenden Zugbelastungen auffängt bzw. abfedert, um ein Reißen der Schleppleine zu verhindern.

Schiffsmanöver im Hamburger Hafen (Aufkommer)

Zu den wichtigsten Schiffsmanövern im Hamburger Hafen gehören:

- Aufstoppen

Nach Anweisungen des Hafenlotsen bremsen Heckschlepper die Geschwindigkeit einlaufender Schiffe – auf der Unterelbe und in den Hafenbecken.

- Wenden

Seeschiffe, die von der Unterelbe einen Liegeplatz in dem steuerbordseitigen Hafenbecken vorwärts ansteuern, aber bei langsame ›tight‹, straff gezogen. In diesem Zusammenhang noch eine Bemerkung zur Schleppleine:

Auf den Abbildungen (siehe oben) ist das Stahlseil mit einer faustdicken Hanf- bzw. Kunststofftrosse verbunden. Dieses als ›Recker‹ bezeichnete Zwischenstück ist der Stoßdämpfer der

Container wurden 1956 als neuartiges Transportmittel erfunden, die nicht nur über See oder auf Flüssen, sondern auch über Straße und Schiene transportiert werden können. Ein Standardcontainer (20 Fuß) ist 6,06 m lang und 2,44 m breit und hoch.
Neben der 20'-Box gibt es den doppelt so langen 40'-Container (12,19 m lang) und auch 40'-, 45'- und 48'-Typen.

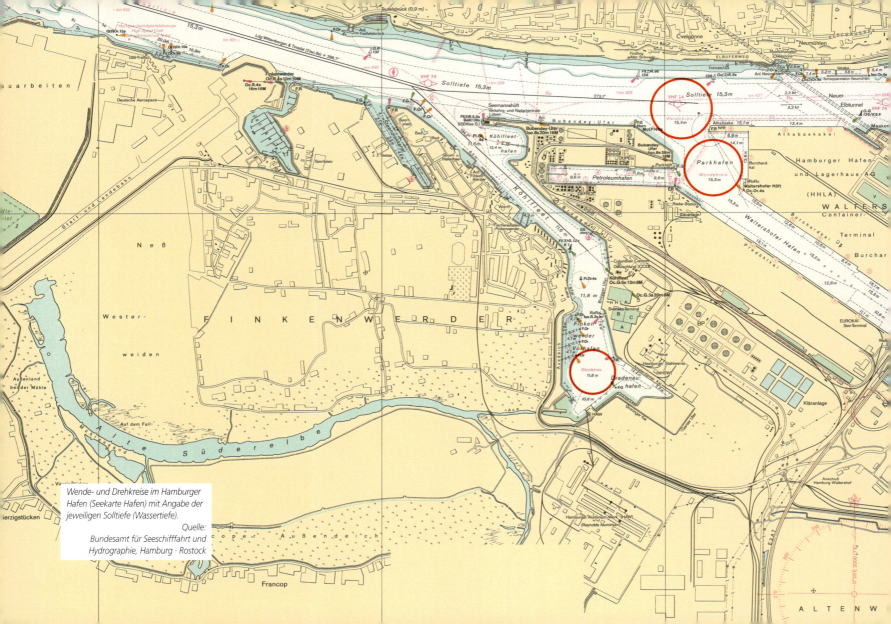

Wende- und Drehkreise im Hamburger Hafen (Seekarte Hafen) mit Angabe der jeweiligen Solltiefe (Wassertiefe).
Quelle: Bundesamt für Seeschifffahrt und Hydrographie, Hamburg · Rostock

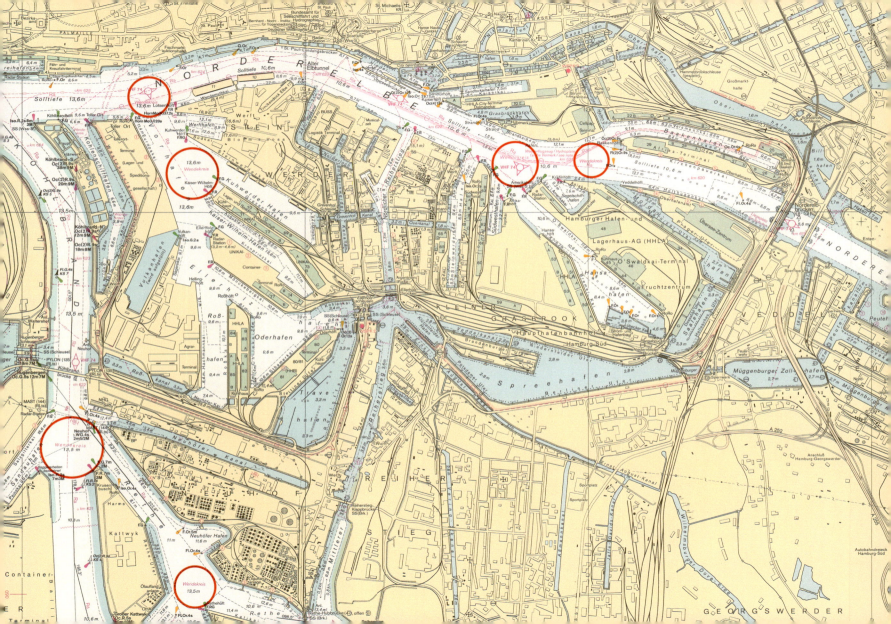

Heckschlepper zieht das Schiff nach Backbord

Schiff fährt über Steuerbord in den Köhlbrand Richtung Container Terminal Altenwerder

mer Fahrt (z.B. 3 oder 4 Knoten/5 bzw. 7 km/h) nicht in der Lage sind, ›hart‹ Steuerbord zu fahren, erleichtern Schlepper das Wendemanöver. Dabei zieht der Heckschlepper das Schiff achtern nach Backbord, während der vordere Schlepper das Schiff nach Steuerbord zieht, um den Bugstrahler zu ersetzen oder zu ergänzen.

• Drehen

Jedes Seeschiff, das den Hamburger Hafen anläuft und später wieder verläßt, muss irgendwann im Hamburger Hafen um 180° drehen, entweder in den Wendekreisen auf der Elbe oder in den einzelnen Hafenbecken (siehe Wendekreise).

Bis auf wenige Ausnahmen benötigen größere Schiffe beim Drehen in den Wendekreisen zwei Schlepper, einer vorn und einer achtern. Ist der Bugstrahler des Schiffes stark genug, das Schiff bugseitig allein zu manövrieren, entfällt der Bugschlepper. Gleiches gilt für Wendemanöver. Containerschiffe, die den CTA ansteuern, drehen im Wendekreis südlich der Köhlbrandbrücke, entweder vor dem Anlegen oder nach dem Ablegen.

Seeschiffe, die z.B. den Waltershofer Hafen ansteuern, um einen Liegeplatz am Burchardkai oder Predöhlkai zu erreichen, drehen entweder auf der Elbe (Höhe Övelgönne) oder im Wendekreis des Parkhafens. Der Wendekreis auf der Elbe (Höhe Övelgönne) wird auch für Schiffe genutzt, die am Athabaskakai anlegen, und für jene Schiffe, die rückwärts in Dock 11 eingedockt werden.

Ob das Schiff steuer- oder backbordseitig zu drehen ist, hängt davon ab, mit welcher Seite das Schiff am Kai anlegen soll. Wenn keine Seite in der Lotsbescheinigung angegeben ist, entscheiden Hafenlotse und Kapitän gemeinsam, wo und wie das Schiff gedreht werden soll.

Dreh- und Anlegemanöver im Köhlbrand

Sobald das Schiff (FRANKFURT EXPRESS) die Köhlbrandbrücke passierte, läßt der Hafenlotse die Maschine auf ›dead slow‹ – ganz langsam – herunterfahren und gibt den beiden Schleppern (Bug und Heck) die Anweisung, das Schiff über Steuerbord zu drehen, damit es mit der Backbordseite am Container Terminal Altenwerder anlegen kann.

Während das Schiff mit Schlepperassistenz an die Kaianlage manövriert wird, nimmt der Hafenlotse Funkkontakt mit den Festmachern auf, die mit ihrem Mooring Car auf der Kaianlage (Liegeplatz) auf die Ankunft des Schiffes warten und von dem Hafenlotsen angewiesen werden, in welcher Reihenfolge die Schiffsleinen mit den Pollern auf dem Kai zu verbinden sind.

Dazu folgende Information: Für das Festmachen eines Schiffes werden Vor- und Achterleinen und Vor- und Achtersprings des Schif-

Bugschlepper zieht Schiff nach Steuerbord

Hafenlotse und Kapitän bereiten in der Nock auf der Backbordseite das Anlegemanöver vor. Die Nock ist der Außenbereich der Kommandobrücke

Schiff ist im Wendekreis mit Schlepperhilfe um 180° gedreht worden.

Festmacher und Mooring Car auf der Kaianlage (CTA)

Anlegemanöver am CTA-Kai. Schiffsleinen noch nicht mit Pollern verbunden

Hafenlotsen und Kapitän (re.) beobachten das Anlegemanöver.

Containerschiff ist mit fünf Vorleinen (und Achterleinen) mit der Kaianlage verbunden.
Quelle: Hafen Hamburg Marketing

> Für das Festmachen eines Schiffes werden Vor- und Achterleinen und Vor- und Achtersprings des Schiffes von den Festmachern mit den Pollern auf dem Kai verbunden.

fes von den Festmachern mit den Pollern auf dem Kai verbunden. Die Vorleinen gehen vom Bug des Schiffes nach voraus, die Achterleinen vom Heck nach achterraus. Die Vorspring wird vom Vorschiff nach achtern und die Achterspring vom Achterschiff (Heck) nach vorn mit der Kaianlage verbunden. Vor- und Achterleine halten das Schiff am Kai; die ›Springs‹ (Springleinen) verhindern, daß das Schiff in der Längsrichtung verrutscht. Je nach Schiffsgröße werden bis zu fünf Vor- und Achterleinen eingesetzt.

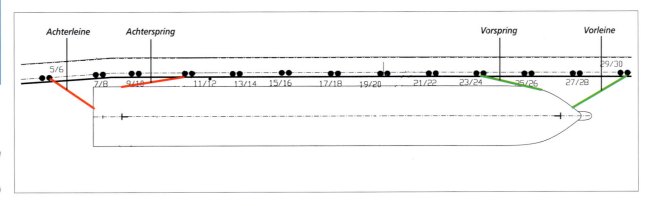

Schiff ist mit Vor- und Achterleinen und mit Vor- und Achterspring fest mit dem Kai verbunden.
Quelle: H. J. Meggers (Blohm + Voss)

Seeschiffschlepper mit loser Schleppleine am Heck des anlegenden Schiffes

Mit dem Heck drückt der Schlepper das Schiff gegen die Kaianlage.

Sobald die Festmacher alle Schiffsleinen mit den Pollern verbunden haben, beginnen die Decksleute das Schiff mit Hilfe der Schiffswinden an die Kaianlage zu ziehen. Kurz vor dem Anlegen sind die Schlepper nur noch mit ›loser Leine‹ mit dem Schiff verbunden.

Wenn Kapitän und Hafenlotse entscheiden, die Zugkraft der Schiffswinden zu unterstützen, wird der erste freie Schlepper von dem Lotsen angewiesen, das Schiff an die Kaianlage zu drücken. Der Schlepper verläßt seine Heck- oder Bugposition und positioniert sich an einem der Druckpunkte an der Bordwand des Schiffes, die mit ›Tug‹ gekennzeichnet sind (Tug = Schlepper). Auch hier entscheiden Hafenlotse und Kapitän, an welchem Druckpunkt der Schlepper drücken soll. Das kann mittschiffs, aber auch im Heck- oder Bugbereich sein.

Der Hafenlotse verläßt das Schiff erst dann, wenn es fest mit der Kaianlage verbunden ist. Mit einem letzten Händedruck verabschiedet er sich von dem Kapitän, der sich für die sichere Lotsung bedankt. Gelegentlich läßt sich der Hafenlotse von einem der Schlepper zur Lotsenstation fahren, wo der Schlepper für den nächsten Aufkommer eingeteilt ist. Falls der Lotse aber für einen Abgänger oder Verholer von dem Wachleiter der Lotsenstation eingeteilt wurde, fährt er mit dem Taxi zur nächsten Kaianlage, zur nächsten Hafenlotsung.

Von den Festmachern über den Poller gelegte Schiffsleinen mit der dazugehörigen Wurfleine

Das Containerschiff ist backbordseitig mit der Kaianlage (CTA) fest verbunden.

73

Die Festmacher
Der vielleicht härteste Job im Hamburger Hafen

Festmacher warten auf der Kaianlage (Athabaskakai) auf die Ankunft eines Feederschiffes.

Festmacher zieht die Wurfleine ...

Festmachen am Kai Jedes Seeschiff, das eine Kaianlage ansteuert, ist auf die Hilfe der Festmacher angewiesen, die kurz vor der Ankunft eines Schiffes mit ihrem Mooring Car auf den Aufkommer warten. Sie sorgen dafür, daß die armdicken Schiffsleinen mit den Pollern auf dem Kai verbunden werden.

Kurz bevor das Schiff die Kaianlage erreicht, wirft ein Decksmann die Wurfleine einer Schiffstrosse einem der wartenden Festmachern entgegen, der sie mit der Autowinde des Mooring Cars verbindet. Mit Hilfe der Winsch wird die schwere, armdicke Schiffsleine auf den Kai gezogen und von den Festmachern zum Poller geschleppt. Sobald jede einzelne Schiffsleine mit dem Poller verbunden ist, ziehen die Schiffswinden auf dem Vor- und Achterdeck das Schiff an die Kaimauer.

Nachdem das Schiff mit Hilfe der Schiffswinden an die Kaianlage herangezogen wurde, verlassen die Festmacher den Kai, um zur nächsten Kaianlage zu fahren.

... und verbindet sie mit der Autowinde des Mooring Car, mit der die Schiffstrosse an Land gezogen wird.

Festmacher schleppen die armdicke Schiffsleine zum Poller und legen das Auge der Schiffsleine darüber, um es fest mit dem Kai zu verbinden.

Das festzumachende Schiff fährt rückwärts an die Dalben heran.

Festmacherboot übernimmt zwei Vorleinen und schleppt sie zum Dalben.

Festmachen an Dalben

Für aufkommende Schiffe (z.B. Öltanker), die nicht an Kaianlagen, sondern an im Wasser verankerten Dalben festmachen, sind die Festmacher mit ihrem Mooring Tug ebenfalls rechtzeitig vor Ort, um die Schiffsleinen mit dem Poller auf den einzelnen Dalben zu verbinden.

Die Abbildungen machen deutlich, daß das Festmachen an Dalben zu den härtesten Jobs im Hamburger Hafen gehört, zu jeder Tages- und Nachtzeit und bei jedem Wetter, auch bei Eis und Schnee. Falls das Dalben-Anlege-Manöver in der Nähe der Hafenlotsenstation erfolgreich abgeschlossen wurde (Dalben vor Airbus oder Köhlfleet Finkenwerder), fahren die Bootsleute den Lotsen zur Lotsenstation.

Festmacher verläßt den Dalben erst, wenn das Schiff fest verbunden ist.

75

Festmacherfirmen im Hamburger Hafen

Die Festmacherfirmen haben sich In der ›Arbeitsgemeinschaft Hamburger Schiffsbefestiger GmbH & Co. KG‹ zusammengeschlossen. Dazu gehören:
- Bootleute Altona-Oestmann GmbH
- L&R Lütgens & Reimers GmbH & Co.
- VBL Vereinigte Bootleute Schiffsbefestigung GmbH
- Max Meyn – W. Hellm GmbH & Co. KG
- H. Barghusen GmbH

Partner dieser Arbeitsgemeinschaft sind:
- Hans Pihl e.K.
- W. & J. Schoof GmbH & Co. KG

Unabhängig von der Arbeitsgemeinschaft gehört auch die Firma TMS – Transport Marine Systems – zu den Festmacherfirmen im Hamburger Hafen. Im Gegensatz zur Schlepperzentrale, in der Einsatz der Schlepper für aufkommende Schiffe nach der Passagemeldung Stade vorbereitet wird, orientiert sich die Festmacherzentrale überwiegend auf die Passagemeldung Lotsenstation (Hafenlotsenstation, Seemannshöft), wonach die Festmacher im Mooring Car oder auf einem Mooring Tug zum Liegeplatz des Aufkommers fahren. Da Festmacher auch Losmacher sind, also die Schiffsleinen von den Pollern lösen müssen, bevor das Schiff den Liegeplatz verläßt, fordert der Kapitän des Schiffes über Funk (Kanal 73) oder der Schiffsagent/Makler per Telefon die Festmacherzentrale an, damit die Festmacher rechtzeitig vor Ort sind – ob auf der Kaianlage oder im Hafenbecken. Insgesamt sind in der ArGe 100 Mitarbeiter beschäftigt, hinzu kommen 30 Kollegen in den vier Harburger Betrieben. Insgesamt stehen 17 Festmacherboote (Mooring Tugs), davon fünf im Harburger Hafen, und 20 Festmacherautos (Mooring Cars) zur Verfügung. Der überwiegende Teil der Festmacher-Jobs (ca. 80%) wird auf den Kaianlagen erledigt.

Festmacher besteigt mit der Schiffsleine der Dalben und legt das Auge über den Poller.

TEIL II
Wie kommen Seeschiffe in die Docks von Blohm + Voss?

Ein- und Ausdocken Nachdem der interessierte Leser erfahren hat, wie Seeschiffe von der Nordsee den Liegeplatz im Hamburger Hafen erreichen, bleibt die Frage zu klären, wie Containerschiffe, Öl- und Gastanker, Massen- und Stückgutfrachter und edle Kreuzfahrtschiffe in die Docks von Blohm + Voss ein- und nach der Reparatur wieder ausgedockt werden.

Die Docks von Blohm + Voss Wer auf den Ladungsbrücken steht, sieht auf der gegenüberliegenden Seite der Elbe das Trockendock ›Elbe 17‹; rechts davon, auf dem Weg zum Fischmarkt, die Schwimmdocks 10 und 11. Neben diesen drei Docks stehen der Werft noch die kleineren Schwimmdocks 6 und 16 zur Verfügung. Da in ›Elbe 17‹ und in den Docks 10 und 11 die

Eindockmanöver der QUEEN MARY 2 in das Trockendock ›Elbe 17‹ am 9. November 2005 (8.30 Uhr). Rechts im Bild Dock 10 und Dock 11 (Schwimm-Docks)

Das Museumsschiff CAP SAN DIEGO (Baujahr 1961), war im März 2006 zur ›Schönheitskur‹ im Dock 11 von Blohm + Voss

> Das Trockendock ›Elbe 17‹ ist einem Hafenbecken vergleichbar, das mit einem schwimmfähigen Schleusentor (Docktor) versehen ist, womit das Dock geöffnet und geschlossen wird.

großen Pötte repariert werden, sei hier auf die wichtigsten Daten hingewiesen:

	Elbe 17	Dock 11	Dock 10
Länge:	351,0 m	320,0 m	287,5 m
Breite:	59,0 m	52,0 m	44,3 m
Tiefgang:	9,5 m	10,8 m	10,2 m
Für Schiffe bis	320.000 t	250.000 t	130.000 t

(QUEEN MARY 2: L 345, B 41, Tfg. 10, 151.400 BRT)

Unterschied Trocken- und Schwimmdock

Trockendock ›Elbe 17‹

Das Trockendock ›Elbe 17‹ ist einem Hafenbecken vergleichbar, das mit einem schwimmfähigen Schleusentor (Docktor) versehen ist, womit das Dock geöffnet und geschlossen wird. Vor dem Eindocken eines Schiffes muss das geschlossene, leere Trockendock mit Elbwasser geflutet werden, bis der Wasserstand mit dem der Elbe auf gleicher Höhe ist. Danach werden die Wassertanks des Docktors leergepumpt, bis es schwimmfähig ist und mit Schlepperhilfe vom Dock entfernt werden kann, bis das zu reparierende Schiff einlaufen und eingedockt werden kann. Nach dem Eindocken wird das Trockendock mit dem Docktor wieder geschlossen und leer gepumpt, bis das Schiff auf zentnerschweren, 130 cm hohen Böcken, sogenannten Pallen, aufliegt und repariert werden kann.

Schiff auf Kielpallen in ›Elbe 17‹

Schwimmdock

Im Gegensatz zum Trockendock besteht das Schwimmdock aus einem absinkbaren Ponton mit Seitenwänden. Bevor ein Schiff eingedockt wird, werden die Wassertanks geflutet, sodaß sich das Dock absenkt und das Schiff hineinfahren kann. Anschließend wird das Ballastwasser wieder abgepumpt, sodaß sich Dock und Schiff aus dem Wasser heben, bis das Schiff trocken auf Pallen aufliegt und die Reparaturen beginnen können.

Eindocken ›Elbe 17‹ Pallenplan erstellen

Für jedes Schiff, das im Trockendock repariert werden soll – und das gilt auch für die Schwimmdocks – wird vorher von dem Werftkapitän ein Pallenplan erstellt. Bis auf die Kielpallen, die immer in Dockmitte stehen, werden alle anderen Pallen zentimetergenau auf den Dockboden gesetzt, damit das Schiff nach dem Eindocken sicher aufliegt.

Basis des Pallenplan, ist der Dockplan (Schiffzeichnung) des einzudockenden Schiffes, den der Werftkapitän von Blohm + Voss rechtzeitig von der Reederei oder dem Schiffsmakler anfordert. Der Dockplan zeigt die bauliche Struktur des Schiffskörpers und damit jene belastbaren Punkte, wo – neben den Kielpallen – die flexiblen Pallen gesetzt werden müssen, um das Schiff zu tragen, ohne daß Schäden am Schiffsboden und dort befindliche Messgeräte (Echolot, Log/Geschwindigkeitsmesser etc.) entstehen können. Das gilt auch für die Kielpallen, wo einzelne Pallen entfernt werden können, wenn Messgeräte (siehe oben) zu schützen sind.

Von besonderer Bedeutung ist deshalb nicht nur die Breite, der Tiefgang und die Form des Schiffskörpers von der Bordwand bis zum Kiel, sondern auch die Länge des einzudockenden Schiffes. Und da die Hinterkante des Schiffes Ausgangspunkt der Pallenplanung ist, wird sie im Pallenplan festgelegt und auf den Dockseiten zentimetergenau markiert.

Pallen setzen

Nach dem Pallenplan werden die einzelnen Pallen auf dem Dockboden punktgenau gesetzt und danach mit Brettern auf gleiche Höhe gebracht. Die in Dockmitte befindliche Kielpallung bleibt normalerweis stehen, wobei einzelne Pallen entfernt (siehe oben) oder je nach Länge des Schiffes ergänzt werden können, falls der Dockplan des Schiffes das vorschreibt.

Pallensetzen im Trockendock: Pallen wird mit dem Gabelstapler angehoben und punktgenau auf den Dockboden gesetzt.

Da die zentnerschweren Pallen nicht von Hand gesetzt werden können, nutzen die Dockwerker einen Gabelstapler, der vorher mit einem der Dockkräne auf den Dockboden gesetzt wurde. Dabei wird darauf geachtet, dass auch ergänzende Kielpallen exakt auf die Mittellinie des Docks gesetzt werden. Da die Aufliegefläche der einzelnen Pallen mit Weichholzbrettern (Tanne, Fichte) versehen sind, auf die das Schiff nach dem Eindocken aufliegen wird, werden alle Bretter, die nach dem letzten Ein- und Ausdocken beschädigt wurden, gegen neue ausgetauscht, wobei darauf geachtet

Das Trockendock mit höhengleich gesetzten Pallen vor dem Fluten. In der Bildmitte das Docktor

wird, dass alle Bretter auf gleicher Höhe sind. Vorher werden jedoch alle Pallen und der Dockboden mit starkem Wasserstrahl gereinigt.

Vor-, Achter- und Springleinen ›klarlegen‹

Vor dem Fluten des Trockendocks sind aber noch weitere Vorbereitungen notwendig, um das einzudockende Schiff sicher und unfallfrei auf die vom Werftkapitän berechnete Dockposition zu manövrieren. Da das Eindock-

Reinigung der Dockfläche vor dem Eindocken

Mit Kranhilfe werden die Dockleinen ›klargelegt‹. Dockarbeiter im Mannkorb ist im Funkkontakt mit Kranführer und Dockmeister

79

Dockspill mit Kontroller (Spill rechts; Kontroller links)

> Stauwasser ist der kurze Zeitraum, in dem das Hochwasser am höchsten ist und die Ebbe noch nicht eingesetzt hat.

Trockendock ist vorgeflutet

Dockarbeiter beim Klarlegen der Dockleinen

Trockendock fluten

Das Fluten des Docks kann bei Ebbe oder Flut erfolgen. Hängt aber auch davon ab, wie kurzfristig ein Schiff eingedockt werden muss, wobei anzumerken ist, dass Schiffe immer bei Stauwasser in ›Elbe 17‹ eingedockt werden. Stauwasser ist der kurze Zeitraum, in dem das Hochwasser am höchsten ist und die Ebbe noch nicht eingesetzt hat. Das hat den Vorteil, dass während dieses Stillstandes weder Flut- noch Ebbeströmungen das Eindockmanöver erschweren. Wird das Dock während Niedrigwasser (Ebbe) geflutet, kann es nur bis zu einer Höhe von maximal 3 m mit Elbwasser gefüllt werden, weil ein höherer Wasserstand das Docktor in Richtung Elbe drücken würde. Zum Fluten werden die elbseitigen Schotten geöffnet, durch die das Elbwasser durchrauscht und die Flutklappen im vorderen Bereich des Docks öffnet.

manöver nicht mit den armdicken Hanf- und Kunststoffleinen des Schiffes, sondern mit den daumendicken Stahlseilen des Docks erfolgt, müssen diese vor dem Eindocken auf den Dockseiten ausgelegt, ›klargelegt‹ sein.

Klarlegen heißt, daß die stählernen Dockleinen mit Hilfe der Dockkräne dort ausgelegt werden, wo sie während des Eindockmanövers benötigt werden. Und da jedes einzelne einzudockende Schiff unterschiedlich groß und lang ist, werden die Dockleinen auf beiden Dockseiten entsprechend ausgelegt, unabhängig davon, ob das Schiff später vor- oder rückwärts in das Trockendock geschleppt wird. Jede dieser Vor-, Achter- und Springleinen ist mit einer Seilwinde verbunden, die auf dem Dock ›Spills‹ genannt werden. Jedes dieser Spills wird von einem ps-starken Elektromotor angetrieben. Das dazugehörige Steuergerät, ›Kontroller‹ genannt, wird während des Ein- und Ausdockens immer von einem Dockwerker bedient/gesteuert.

Der Wasserdruck der Elbe öffnet die Flutklappen.

Spätestens drei Stunden vor Hochwasser (Stauwasser) wird das Dock endgültig geflutet, bis der Wasserstand im Dock dem Wasserstand der Elbe entspricht, womit der wichtige Druckausgleich erreicht wird.

Hafenlotse und Schlepper für das Docktor

Zwei bis drei Tage vor dem Eindocken ist die Hafenlotsenstation und die Schlepperzentrale (Arbeitsgemeinschaft Schlepper oder KOTUG) über den Termin des Eindockens informiert. Eineinhalb Stunden vor dem Eindockzeitpunkt bestellt der Werfkapitän den Lotsen und die drei Schlepper, die sich darauf vorbereiten, das Docktor vom Dock zu lösen. Dabei ist der Hafenlotse auf dem Docktor und koordiniert den Einsatz der Schlepper. Zwei Dockarbeiter sind ebenfalls auf dem Docktor, die dafür sorgen, daß das Docktor mit den Schleppern verbunden wird und das Docktor während des Ausschwimmanövers waagerecht bleibt. Sie kontrollieren also die bordeigenen Pumpen und übernehmen den ›Festmacher-Job‹ auf dem Docktor.

Bevor das einzudockende Schiff einlaufen kann, sind die Dockarbeiter mit ihrem Funkgerät auf den entsprechenden Positionen der beiden Dockseiten. Anschließend wird damit begonnen, das Ballastwasser aus dem Docktor zu lenzen, herauszupumpen, bis es vom Dockgrund aufschwimmt und mit Schlepperhilfe vom Dock entfernt werden kann.

Docktor Ausschwimmen

Bevor das Docktor aufschwimmt, machen die drei Schlepper fest und der Lotse geht an Bord des Docktores. Zu diesem Zeitpunkt drückt das Elbwasser das Docktor noch gegen das Dock, das mit einer westlichen und einer östlichen Stahlleine mit dem Tor verbunden ist. Sobald das Docktor schwimmfähig ist, wird zuerst die westliche Leine von den Dockarbeitern gelöst, und der dort festgemachte Schlepper beginnt das Docktor freizuziehen. Danach wird der östliche Schlepper das Tor freiziehen. Während dieses Manövers korrigiert der Mittelschlepper die Lage des Docktores in Ost/Westrichtung, parallel zum Fahrwasser der Elbe.

Sobald das Docktor freigeschleppt ist, wird es von den drei Schleppern in Fahrwassernähe der Elbe auf Position gehalten, bis das Schiff eingedockt hat. Während des Docktor-Manövers hat der

Drei Schlepper haben am Docktor festgemacht

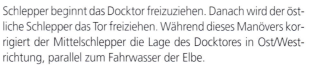

Schlepper ziehen das Docktor in die Elbe. Auf dem Docktor der Hafenlotse

Die drei Schlepper ziehen das Docktor an den Rand des Fahrwassers und halten es während des Eindockmanövers im Elbestrom.

81

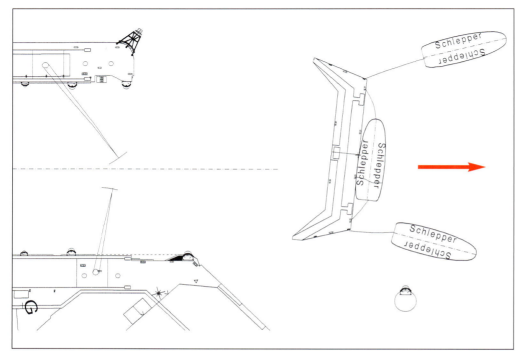

Drei Schlepper ziehen das Docktor von ›Elbe 17‹ an den Rand des Fahrwassers. Quelle: H. J. Meggers (Blohm + Voss)

Das Docktor von ›Elbe 17‹ wird immer von drei Schleppern manövriert. Zwei Schlepper ziehen, während der dritte Schlepper das Docktor in der Längsrichtung stabilisiert

Lotse auf dem Tor ständigen Funkkontakt mit dem Werftkapitän und den Schiffsführern der drei Schlepper.

Funkkoordination Werft/Lotse (Schiff)

Kurz vor dem Eindocken nimmt der Werftkapitän über UKW Kontakt mit dem Hafenlotsen auf, mit dem er vor dem Eindocken folgende Sachverhalte klärt:

- Tiefgang des Schiffes im Vergleich zum Dock (9,5 m). Dazu folgende Bemerkung: Das Schiff wurde vorher mit Ballastwasser auf ebenen (waagerechten) Kiel getrimmt; eine evtl. ›Krängung‹ (Schieflage) des Schiffes wurde ebenfalls vorher mit Ballastwasser ausgeglichen. Trotzdem werden die Tiefgänge an Back- und Steuerbord verglichen und dem Werftkapitän mitgeteilt.
- Kann der Bugstrahler oder der Schiffspropeller das Eindockmanöver unterstützen? Der Bugstrahler bzw. das Bugstrahlruder ist für den Hafenlotsen eine wichtige Manövrierhilfe, da es erheblich schneller reagiert als der Vorschlepper. Die Maschine (Propeller) ist nur im niedrigen Geschwindigkeitsbereich einsetzbar, um Beschädigungen an den Pallen zu verhindern.
- Wie viele Schlepper sind im Einsatz (vorn und achtern)?
- Die Anzahl der Schlepper hängt von der Manövrierfähigkeit des Schiffes ab.
- Anzahl der vorbereiteten, klargelegten Vor-, Achterleinen und Springs? Bemerkung: Der Hafenlotse weiß, daß die Festmacherleinen grundsätzlich vom Dock kommen, die von den Decksleuten des Schiffes mit einer Wurfleine an Bord gezogen und dort belegt, festgemacht werden. Der Hafenlotse erfährt von dem Werftkapitän, in welcher Reihenfolge die einzelnen Dockleinen auf dem Schiff zu befestigen sind.

Sind die wichtigsten Fragen und Fakten geklärt, meldet der Werftkapitän dem Hafenlotsen (Schiff), dass das Dock klar zum Einlaufen ist. Dann fährt das Schiff mit Schlepperhilfe zum Trockendock, wo es von einer professionellen Dockmannschaft erwartet wird, die auf jeden der nun folgenden Arbeitsgänge vorbereitet ist. Anmerkung: Während des Eindockmanövers ist der Hafenlotse (Schiff) im ständigen Funkkontakt mit dem Werftkapitän, bis das Schiff fest ist. Erst danach geht er von Bord.

Schiff dockt ein

Dockleinen mit dem Schiff verbinden

Vorleinen:

In dem Moment, in dem der Bug des Schiffes das Trockendock erreicht, schweben die Dockwerker in den Mannkörben dem Vorschiff entgegen, um die beiden Vorleinen mit dem Schiff zu verbinden. Vom Mannkorb wirft der Dockwerker die Wurfleine an Deck. Die Decksmannschaft zieht die Wurfleine durch eine der vorderen runden oder ovalen Öffnungen (›Klüsen‹ genannt) und holt mit einer Schiffswinde die stählerne Vorleine an Deck und legt das Auge der Leine über einen Poller.

Wenn von Bord mit überkreuzten Armen angezeigt wird, dass die Vorleinen fest mit den Schiffspollern verbunden sind, zieht der jeweilige Kranführer die Leine ›tight‹ und unterstützt damit das Eindockmanöver der Schlepper.

Dockarbeiter im Mannkorb mit Wurf- und Dockleine

> In dem Moment, in dem der Bug des Schiffes das Trockendock erreicht, schweben die Dockwerker in den Mannkörben dem Vorschiff entgegen, um die beiden Vorleinen mit dem Schiff zu verbinden.

Kreuzfahrtschiff A'ROSA BLU wird mit Bug- und Heckschlepper ins Trockendock geschleppt. Während der Reparatur wurde es in AIDA BLU umbenannt. Rechts im Bild ist ein Dockarbeiter im Mannkorb zu erkennen.

Während das Schiff ins Trockendock geschleppt wird, schweben die Dockarbeiter dem Schiff entgegen.

Dockarbeiter schwebt mit einer Vorleine dem Vordeck entgegen.

Dockwerker im Mannkorb mit Wurf- und Achterleine am Heck des eindockenden Schiffes

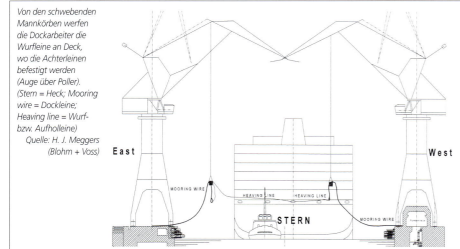
Von den schwebenden Mannkörben werfen die Dockarbeiter die Wurfleine an Deck, wo die Achterleinen befestigt werden (Auge über Poller). (Stern = Heck; Mooring wire = Dockleine; Heaving line = Wurf- bzw. Aufholleine) Quelle: H. J. Meggers (Blohm + Voss)

Achterleinen und Achterspring

Wie auch bei den Vorleinen bringen zwei weitere Kräne die beiden Mannkörbe in die Nähe einer ›Klüse‹ am Achterschiff (Stern), wo die Achterleinen ebenfalls mit Pollern auf dem Schiff verbunden werden. Der gleiche Ablauf ist notwendig, um die ›Achterspring‹ auf der Ostseite des Docks mit dem Schiff zu verbinden.

Bemerkung: Springleinen sind ebenfalls Festmacherleinen, die vom Vorschiff nach hinten (Vorspring) oder vom Achterschiff nach vorn (Achterspring) mit dem Dock verbunden/befestigt werden und das Schiff in Längsrichtung verholen und halten können. Während des Einlaufmanövers besteht ein ständiger Funkkontakt zwischen dem Lotsen an Bord des Schiffes und dem Werftkapitän.

Schiff auf Sollposition manövrieren

Während sich das Schiff im Dock der festgelegten Position nähert, informiert der koordinierende Werftkapitän den Hafenlotsen, wann der Achterschlepper das Schiff aufstoppen, abbremsen soll, bis es fast die Position erreicht hat, ab der die Feinjustierung des Eindockens beginnt.

Vorschlepper verläßt das Dock

Wird ein Schiff mit einem Vorschlepper eingedockt, muss dieser das Trockendock auch wieder verlassen können. Dafür wird das in Dockmitte liegende Schiff mit den Vor- und Achterleinen und den Dock-Spills an die östliche Dockseite gezogen. Anschließend werden die Vor- und Achterleine auf der Westseite des Docks gefiert, bis auf den Dockgrund heruntergelassen, damit der vordere Schlepper rückwärts hinausfahren kann, ohne die Dockleinen zu berühren. Hat der vordere Schlepper das Dock verlassen, werden die Vor- und Achterleinen auf der Westseite wieder durchgeholt, straff gezogen, bis das Schiff festvertäut im Dock liegt und ›Elbe 17‹ wieder geschlossen werden kann.

Docktor Einschwimmen

Wie beim Ausschwimmen wird das Docktor mit Hilfe der drei Schlepper vor die Einfahrt des Trockendocks ge-

QUEEN MARY 2 im Trockendock. Schlepper manövrieren das Docktor vor ›Elbe 17‹

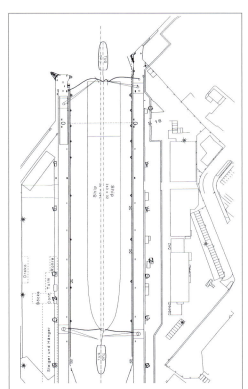

Schiff wird mit zwei Schleppern und den Vor- und Achterleinen des Docks in das Trockendock bugsiert.   Quelle: H. J. Meggers (B + V)

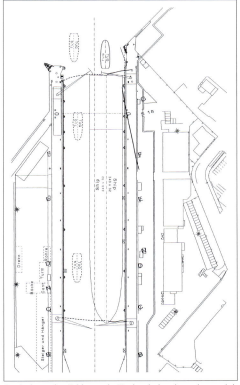

Damit der vordere Schlepper das Trockendock verlassen kann, wird das Schiff an die östliche Dockwand gezogen und die westliche Vor- und Achterleine heruntergelassen.

schleppt und mit Dockleinen und Spills wieder in die ursprüngliche Position gehievt (gezogen). Bei diesem Einschwimm-Manöver kann auf die Hilfe eines ›Mooring Tug‹ (Festmacherboot) nicht verzichtet werden. Mit dem Festmacherboot wird erst die östliche Leine und dann die westliche Dockleine zum Docktor gefahren

85

A'ROSA BLU im Dock. Trockendock ist geschlossen

und dort befestigt. Mit diesen Leinen und den dazugehörigen Dockspills wird das Docktor an ›Elbe 17‹ angedockt. Das Docktor wird nur noch mit den Spills und Dockleinen in Position gezogen (gehievt), wobei der Lotse auf dem Docktor mit Hilfe der Schlepper die Bewegung des Tores kontrolliert. Nachdem zuerst die Ostseite in Position gehievt wurde, folgt der westliche Anschluß, bis das Tor fest mit dem Dock verbunden ist.

> **Technische Daten Docktor ›Elbe 17‹:**
> Bruttoraumzahl (886);
> Länge: 60 m,
> Breite: 8 m,
> Tiefe: 9,4 m.
> **Das Docktor ist als Schiff registriert!**

Während der Lotse auf dem Docktor das Einschwimmen mit den Schleppern und dem Werftkapitän koordiniert, fährt das Festmacherboot die Ostleine zum Docktor

Das noch schwimmende Docktor wird mit einem Stahlseil (Dockleine) an ›Elbe 17‹ herangezogen. Auf dem Docktor (oben) der Hafenlotse mit Dockarbeiter. Auf dem Dock der Dockmeister (links) und der Werftkapitän.

Dockarbeiter an ›Spill‹ und ›Kontroller‹ ziehen die östliche Seite des Docktores zum Dock; rechts unten das Stahlseil vom ›Spill‹ zum Docktor. Rechts davon ist eine Achterleine am Dockpoller befestigt. An der Bordwand des Schiffes ist die straffe ›Achterspring‹ zu erkennen.

Das Docktor ist geflutet und liegt auf dem Dockboden auf. Unten ist die westliche Docktor-Leine zu erkennen.

Erst wenn das Docktor fest mit dem Trockendock verbunden ist, verläßt der letzte der drei Schlepper das Docktor

Während des Einsschwimm-Manövers bedienen die Dockwerker die Spills, mit denen das Docktor zum Dock gezogen wird. Kollegen stauen die Dockleinen in Drahtkörben.

Während das Docktor mit den Stahlseilen in Position gehalten wird, werden die Ballasttanks des Docktores mit Elbwasser geflutet, bis es auf dem Dockboden wasserdicht aufliegt. Der Wasserdruck der Elbe presst dann das Docktor gegen die Dichtleisten des Docks. Sobald die Manövrierhilfe der Schlepper nicht mehr benötigt wird, verläßt der Hafenlotse das Docktor.

Das Trockendock ist wasserdicht geschlossen. Das Schiff schwimmt festgezurrt im Trockendock ›Elbe 17‹.

Das Schiff schwimmt fest verzurrt in ›Elbe 17‹.

Schiff auf Pallen setzen

Ausrichten des Schiffes

Sobald das Dock geschlossen ist, wird das Schiff mit den Dockleinen auf Länge und auf Mitte ausgerichtet, bis es die berechnete Position im Dock oberhalb der Pallen erreicht hat.

Auf Länge ausrichten

In der ersten Phase wird das Schiff im Dock auf Länge ausgerichtet, d.h., es wird mit Hilfe der Dockleinen und Spills von den Dockwerkern auf die Position gehievt, bis die Hinterkante des Schiffes mit der auf den Dockseiten markierten Hinterkante Schiff (HKS) übereinstimmt. Ist die Position erreicht, wird es mit Vor-, Achter- und Springleinen im Dock auf Position gehalten

Auf Mitte ausrichten

Auf Mitte ausrichten heißt, dass das Schiff achtern und vorn exakt auf Dockmitte justiert werden muss, bis die Kiellinie des Schifffes (Mitte Schiff) mit der nicht sichtbaren Mittellinie der Kielpallen (Mitte Dock) deckungsgleich st.

Um das zu erreichen, sind zwei Hilfsmittel von entscheidender Bedeutung: die Lotleine (Schiff) und die docküberspannende ›Middlewire‹ (Leine mit Mittelpunktkette). Mit der Lotleine wird von Bord aus die senkrechte Mittellinie des Schiffes am Bug und am Heck des Schiffes festgelegt. Mit der ›Mittelwire‹ die vor und hinter dem Schiff quer über das Dock gespannt ist, markiert die

> Mit der vom Steven herunter hängenden Lotleine wird das Schiff so lange mit den Dockleinen manövriert, bis sie mit dem Mittelpunkt der ›Mittelwire‹ deckungsgleich ist.

Links: Das Schiff ist noch nicht auf Dockmitte justiert – die Dockmitte und die Schiffsmitte sind nicht in Deckung.

Rechts: Mit Hilfe der Dockleinen haben die Dockarbeiter das Schiff auf Dockmitte justiert.
Quelle: H. J. Meggers (B+V)

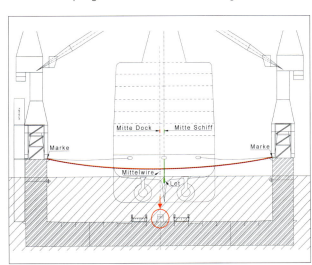
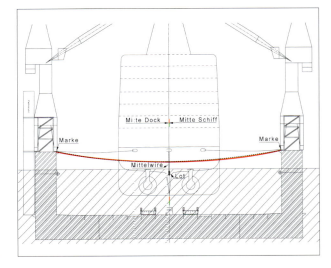

Dockwerker befestigt die Lotleine an der Reling (rechts der Werftkapitän mit Funkgerät).

Dockwerker befestigen die Mittelwire auf jeder Dockseite.

Die Mittelwire muß auf jeder Dockseite so befestigt werden, bis ihr Mittelpunkt oberhalb der Dockmitte ist.

an der Mittelwire hängende Kette die Dockmitte. Erst wenn die senkrechte Lotleine mit der Mitte der Middlewire übereinstimmt – in Deckung ist –, liegt das Schiff in Dockmitte.

Die dafür notwendigen Arbeitsgänge seien kurz beschrieben:

Ein Dockwerker wird mit Lot und Lotleine im Mannkorb an Bord gehievt, wo er achtern, genau in Schiffsmitte, die Lotleine an der Reeling befestigt und mit dem Lot ins Dockwasser gleiten läßt. Die Lotleine markiert nun die Schiffsmitte am Heck. Das setzt aber voraus, daß das Schiff keine Schieflage (Krängung) hat. Die Krängung des Schiffes muß also 0° betragen.

In der Zwischenzeit befestigen die Dockwerker die Mittelwire auf beiden Dockseiten, deren Befestigungspunkte vorher von dem Werftkapitän exakt festgelegt wurden. Beim Festmachen der dock-überspannenden Mittelwire stimmen sich die Dockwerker auf beiden Seiten des Docks so lange ab, bis der Mittelpunkt dieser Leine zentimetergenau über der Dockmitte schwebt.

Zur besseren Orientierung ist die Mitte der Mittelwire farblich markiert und mit einer Kette versehen, die senkrecht herunterhängt.

In der unteren Abbildung wird deutlich, daß die senkrechte Lotleine des Schiffes noch nicht mit der Mitte der Mittelwire in Deckung ist, das Schiff also noch um wenige Zentimeter mit den Dockleinen zur Dockmitte gehievt werden muß. Sind Lot-

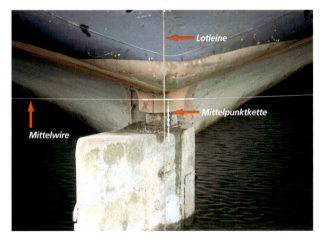

Lotleine Schiff und Mittelwire mit Mittelpunkt-Kette am Heck des eingedockten Schiffes (Heck noch nicht exakt auf Dockmitte)

89

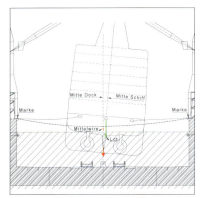

Bei Krängung eines Schiffes wären Lot und Dockmitte nicht in Deckung.
Quelle: H. J. Meggers (Blohm + Voss)

Rechts: Schiff liegt präzise in Dockmitte auf Pallen.

leine und Mitte Mittelwire am Heck des Schiffes deckungsgleich, wird das Schiff achtern mit den Dockleinen in Positon gehalten.

Der gleiche Arbeitsgang wird am Bug des Schiffes wiederholt, wobei die Schiffsmitte gelegentlich mit Kreide am Steven (Bugspitze) markiert wird. Auch hier wird die Mittelwire an vorher berechnete Positionen auf beiden Dockseiten befestigt, bis sie direkt am Steven das Dock überspannt. Mit der vom Steven herunterhängenden Lotleine wird das Schiff so lange mit den Dockleinen manövriert, bis sie mit dem Mittelpunkt der Mittelwire deckungsgleich ist.

Falls das einzudockende Schiff eine leichte Schräglage (Krängung) hat, muß diese durch Ballastwasser innerhalb des Schiffes ausgeglichen werden, bis die Krängung 0° beträgt. Erst wenn das Schiff vorn und achtern genau auf Mitte liegt und von Dockleinen in Position gehalten wird, verläßt der Hafenlotse im Mannkorb das Schiff. Das Dock wird leer gepumpt, bis das Schiff auf den Pallen aufliegt und alle Dockleinen gelöst werden können.

Nachdem das Schiff auf Pallen steht, werden die Gangways zwischen Schiff und Dockseiten angelegt, diverse Landanschlüsse (Kühlwasser, Frischwasser, Toiletten- und Feuerlöschanschlüsse) hergestellt und eine Pallenkontrolle vorgenommen: Der Werftkapitän will wissen, ob die am Schiffsboden eingebauten Messgeräte (Echolot, Log etc.), die im Pallenplan durch freigelassene Pallen berücksichtigt wurden, unbeschädigt sind.

Ausdocken ›Elbe 17‹

Vorbereitungen Sobald die Reparaturen beendet sind, werden alle Arbeitsgeräte aus dem Trockendock gehoben, der Dockboden gereinigt und der Ausdocktermin festgelegt. Vor dem Ausdocken wird mit der Schiffsleitung festgelegt, zu welchem Zeitpunkt eine Dockbesichtigung beginnen kann. Dockbesichtigung heißt, daß die in und an dem Schiff ausgeführten Reparaturen von einem Expertenteam der Reederei und der Werft gemeinsam überprüft werden. Eine standardisierte Checkliste ist Basis dieser Schiffsbesichtigung.

Hat das Expertenteam die Schiffsbesichtigung (Reparaturabnahme) ohne Mängel beendet, wird der Ausdocktermin festgelegt. Mit der Schiffsleitung klärt der Werftkapitän den voraussichtlichen Tiefgang des Schiffes, der vorn und achtern gleich sein sollte, damit das Schiff in horizontaler Lage das Dock verlassen kann. Oder, wie der Werftkapitän formuliert: Am sichersten ist es, wenn der Ausdockzustand dem Eindockzustand entspricht.

Sollten die erwarteten Tiefgänge vorn und achtern unterschiedlich sein, darf der Unterschied im Trockendock nicht mehr als einen Meter betragen. Die fachliche Bezeichnung heißt dann: Trimm < 1 m. Um die horizontale Lage des Schiffes (Trimm = 0) oder den maximalen Unterschied (Trimm = 1 m) zu erreichen, muß das Schiff Ballastwasser aufnehmen.

Das Heck mit reparierter und polierter Schiffsschraube

Vor dem Ausdocken werden alle Reparaturen von Expertenteams überprüft (Blohm + Voss und Reederei bzw. Makler/Agent). Im Hintergrund das Docktor.

Ein Seeschiff nach der Reparatur und neuem Farbanstrich (Bug mit Ankerkette und Anker, daneben der Bugstrahler, oben rechts das Bugstrahlersymbol)

Dockarbeiter mit Dockleine (Stahlseil)

Dock wird bis zur Schiffswelle vorgeflutet.

Schiff im Dock kurz vor dem Auslaufen

Schiff vertäuen und Dock fluten

Nachdem der Ausdocktermin festliegt, konzentrieren sich die Dockarbeiter darauf, das Schiff und das Dock auf das Ausdocken vorzubereiten. Da das Schiff während der Reparaturen unbefestigt auf den Pallen steht, muss es vor dem Fluten wieder mit Stahlseilen mit den Dockseiten vertäut werden, damit es während des Flutens stabil im Dock liegt. Bevor das Schiff aber aufschwimmt, wird das Dock nur bis zur Oberkante der Schiffswelle geflutet, damit die Dichtigkeit des Seewasserkühlsystems geprüft werden kann. Erst wenn der Schiffsingenieur mit der Dichtigkeitsprüfung zufrieden ist, dem Werftkapitän sein Schiff ›klar‹ meldet, wird die Gangway zwischen Dock und Schiff mit Kranhilfe entfernt, alle Dockleinen mit Dockwerkern besetzt und das Dock endgültig geflutet. Während das Schiff im Dock aufschwimmt, müssen die Vor- und Achterleinen von den Dockwerkern auf den Kränen und an den Spills ständig angepaßt werden, bis der Wasserstand im Dock dem der Elbe gleicht.

> Bevor das Schiff ›aufschwimmt‹, wird das Dock nur bis zur Oberkante der Schiffswelle geflutet, damit die Dichtigkeit des Seewasserkühlsystems geprüft werden kann.

Docktor ausschwimmen

Bevor das Docktor zum Ausschwimmen vorbereitet wird, muss das im Dock schwimmende Schiff an die Ostseite des Docks verholt werden, damit der vordere Schlepper später in das Dock einlaufen kann. Während das Ballastwasser aus dem Docktor herausgepumpt wird, bis es den Tiefgang zum Ausschwimmen erreicht hat, geht der Hafenlotse auf das Docktor, an dem die

Docktor wird im Frühnebel auf die Elbe geschleppt.

drei Schlepper bereits festgemacht haben. Nach Anweisung des Lotsen wird das Dock auf die Elbe geschleppt.

Schiff ausdocken

Zum Ausdocken eines Schiffes werden in der Regel zwei Schlepper eingesetzt, einer vorn am Bug und einer am Heck des Schiffes. Bei größeren Schiffen sind zwei Heckschlepper notwendig, um ein sicheres Ausdocken zu gewährleisten. Damit der Bugschlepper das Ausdockmanöver unterstützen kann, also am Schiff längsseits vorbei in das Dock hineinfahren kann, wurde das Schiff vorher an die östliche Dockseite gezogen und die westliche Vor- und Achterleine auf den Dockboden heruntergelassen. Sobald die Schlepper vorn und achtern am Schiff festgemacht haben, stimmt der Werftkapitän das Ausdockmanöver mit dem Hafenlotsen (Schiff) ab, der den Einsatz der Schlepper koordiniert. Kurz vor dem Ausdocken werden – in Abstimmung mit dem Hafenlotsen – alle Dockleinen vom Schiff losgeworfen. Mit Schlepperhilfe verläßt das Schiff Trockdock ›Elbe 17‹.

Schiff und Schlepper sind mit je einer Schleppleine verbunden. Der Decksmann gibt Handzeichen, daß die Schleppleine hochgezogen werden kann.

Heckschlepper ziehen das Schiff im Morgennebel aus ›Elbe 17‹. Werftkapitän H. J. Meggers im ständigen Funkkontakt mit dem Hafenlotsen während des Ausdockens.

> Beim Ein- und Ausdocken der QUEEN MARY 2 wurde nur ein Heckschlepper benötigt, da die ›Queen‹ über excellente Manövrierhilfen verfügt (Bugstrahler und Heckstrahler).

Der Bug- und die zwei Heckschlepper haben das Schiff in das Fahrwasser der Elbe manövriert. Im Vordergrund ein Festmacherboot (Mooring Tug), das beim Einschwimmen des Docktores behilflich sein wird.

Eindocken in Schwimmdocks

Vorbemerkungen:

Unabhängig davon, ob ein Schiff im Trockendock ›Elbe 17‹ oder in Schwimmdocks eingedockt wird, sind die einzelnen Arbeitsgänge fast identisch. Denn für jedes einzelne Schiff müssen dockseitig alle Vorbereitungen getroffen werden, damit es nicht nur sicher in das Dock, sondern auch innerhalb des Docks manövriert werden kann, bis das Schiff die von dem Werftkapitän berechnete Position erreicht hat.

Im Trockendock ›Elbe 17‹ wird nach dem Eindocken das Elbwasser abgepumpt, bis das Schiff auf Pallen aufliegt.

Im Schwimmdock werden die Ballasttanks vor dem Eindocken geflutet, damit es absinkt und das Schiff einlaufen kann. Nach dem Eindocken wird das Ballastwasser wieder abgepumpt. Mit der Auftriebskraft (Lifting Capacity) schwimmt das Dock mit dem darin vertäuten Schiff auf, bis die Dockfläche frei ist und das Schiff präzise auf den Pallen aufliegt.

Der Bug der CAP SAN DIEGO *nach der Schönheitsreparatur in Dock 10 von Blohm + Voss*

> Im Schwimmdock werden die Ballasttanks vor dem Eindocken geflutet, damit es absinkt und das Schiff einlaufen kann.

Die CAP SAN DIEGO *(Hamburg)*

Eindocken Dock 10

Vorbereitungen:
Wie bereits für ›Elbe 17‹ beschrieben, wird auch im Schwimmdock nach dem Dockplan des einzudockenden Schiffes der Pallenplan erstellt, wonach die Pallen gesetzt werden. Auch hier wiederholen sich die vorbereitenden Arbeiten, bevor das Schiff eingedockt werden kann:

- Auslegen der stählernen Vor- und Achterleinen auf beiden Dockseiten, die jeweils mit einer Jolle verknotet werden. Die Jolle ist ein daumdickes Hanf- oder Kunststoffseil, mit der die zentnerschweren Stahlseile an Bord gehievt werden, nachdem sie vorher mit der Wurfleine des Schiffes verbunden wurden.
- Auslegen der Achter- und Vorderspring, mit denen das Schiff im Dock gestoppt und gehievt werden kann; eine für Backbord achtern und eine für Steuerbord vorn.
- ›Mittelwire‹ vorn und achtern klarlegen
- Dockkräne in östliche Endposition fahren und festsetzen. Östlich ist dort, wo das Schiff vor- oder rückwärts in das Dock hineingeschleppt wird.

Das einzudockende Schiff (BLACK PRINCE) mit Heckschlepper auf dem Weg nach Dock 10

- Schwimmdock wird abgesenkt, indem die Wassertanks mit Elbwasser gefüllt werden (Wassermenge Dock 10: 55.000 t).

Vor dem Eindocken sind die einzelnen Dockwerker auf die einzelnen Positionen auf den Dockseiten eingeteilt und warten, mit Funkgeräten ausgerüstet, auf das einzudockende Schiff. Der Werftkapitän nimmt über UKW Kontakt mit dem Hafenlotsen des einzudockenden Schiffes auf, um wichtige Details des Eindockmanövers abzustimmen. Der Dockmeister will wissen, welche Tiefgänge das Schiff vorn und achtern hat und welche Manövrierhilfen (Bugstrahler, Propeller) dem Schiff zur Verfügung stehen. Und er informiert den Hafenlotsen, in welcher Reihenfolge die einzelnen Dockleinen mit dem Schiff während des Eindockens verbunden, festgemacht werden.

Schiff wird mit Schlepperhilfe kurz nach Sonnenaufgang zum Dock geschleppt.

Schlepper zieht Schiff ins Schwimmdock 10.

Die Mittelwire wird mit einem Werftboot zur anderen Dockseite geschleppt und dort von Dockarbeitern befestigt.

Die Wurfleine (Schiff) ist mit der Aufholleine (Dock) verbunden und wird an Bord gehievt.

Beispiel: **Reihenfolge beim Eindocken (BLACK PRINCE)**
1. Backbord Achterspring
2. Steuerbord Achterleine
3. Backbord Achterleine
4. Vorleinen (Steuer- und Backbord)
5. Vorspring Steuerbord vorn

Nach dieser Information teilt der Kapitän seine Decksleute der Reihenfolge entsprechend ein, damit das Eindockmanöver auch bordseitig schnell und sicher durchgeführt wird. Erst wenn alle Details zwischen Werftkapitän und Hafenlotse geklärt sind, kann das Schiff mit Schlepperhilfe rückwärts in Dock 10 einlaufen.

Dockleinen zum Schiff

Während das Schiff in das Dock einläuft, werden die einzelnen Dockleinen mit dem Schiff verbunden. Und weil in diesem Beispiel (BLACK PRINCE) die Dockleinen nicht mit Kranhilfe an Bord gehievt wurden, musste jede einzelne Leine vom Dock an Bord des Schiffes gezogen werden. An Bord wird die Wurfleine ge-

Schiff hat im Dock mit Schlepperhilfe und Dockleinen die Sollposition erreicht.

löst, die Aufholleine mit einer Schiffswinde verbunden, die die stählerne Dockleine an Bord hievt, wo sie mit einem Poller verbunden wird. Wenn von Bord aus angezeigt wird, dass die Dockleine fest ist, wird sie dockseitig straff gezogen – ›tight‹ geholt, wie es in der Docksprache heißt. In dieser Arbeitsweise werden alle weiteren Dockleinen mit dem Schiff verbunden: Schlepperleine und Dockleinen manövrieren das Schiff sehr, sehr langsam der ›Sollposition‹ im Dock entgegen, die der Werftkapitän vorher festgelegt hatte (siehe Eindocken: ›Elbe 17‹).

Im ständigen Funkkontakt klären Werftkapitän und Hafenlotse den jeweiligen Abstand zur Sollposition. Ist diese erreicht, werden alle Dockleinen ›tight‹ geholt (straff gezogen). Sobald alle Dockleinen fest mit dem Schiff verbunden sind, wird die Schiffsmaschine gestoppt, die Schleppleine gelöst, so daß der oder die Schlepper das Schwimmdock verlassen können. Das ist auch der Moment, in dem der Kapitän die Beratung des Lotsen nicht mehr benötigt, weil die Feinjustierung des Schiffes nur noch mit den Dockleinen erfolgt. Bevor der Hafenlotse das Schiff im Mannkorb schwebend verläßt, trennt er sich mit Handschlag von dem Kapitän, der sich für das sichere Manöver bedankt.

Feinjustierung des Schiffes

In der unteren Abbildung liegt das Schiff festverzurrt in Dock 10. Der Schlepper hat das Dock verlassen, und der Hafenlotse ist nicht mehr an Bord. Obwohl das Schiff bereits die vom Werftkapitän angegebene Sollposition im Dock erreicht hat, beginnt die Feinjustierung des Schiffes durch die Dockwerker. Feinjustierung heißt, daß das Schiff mit den Dockleinen ›auf Länge‹ und ›auf Mitte‹ ausgerichtet wird, bis es exakt über den Pallen liegt, wobei die Lotleine und die Mittelwire wieder sehr wichtige Hilfsmittel sind. Für die Feinjustierung benötigt der Werftkapitän vorab folgende Informationen:

Er will wissen, wieviel ›Trimm‹ das Schiff hat, d.h., ob es am Heck tiefer liegt als am Bug oder umgekehrt, weshalb er sich die beiden Tiefgänge durchgeben läßt. Dazu folgende Anmerkung: Im unbeweglichen Trockendock ›Elbe 17‹ darf der Trimm maximal 1 m betragen, in Schwimmdocks jedoch 3 m! Das Schwimmdock kann also dem Trimm, der Schräglage des Schiffes, angepaßt werden. Außerdem will der Werftkapitän wissen, ob das Schiff Schlagseite (Krängung) hat, weshalb die Tiefgänge auf beiden Seiten (Backbord und Steuerbord, mittschiffs) verglichen werden. Sind die Tiefgänge unterschiedlich, muss das Schiff mit Hilfe von Ballastwasser gerade gelegt werden; denn erst dann, wenn es lotrecht liegt, kann mit Lot und Middlewire präzise gearbeitet werden.

Erst wenn ›klar vorn‹ und ›klar achtern‹ an das Pumpenhaus (Steuerhaus) gemeldet wurde, wird damit begonnen, die Wassertanks des Docks zu ›lenzen‹, leer zu pumpen. Während des Pumpens wird ständig kontrolliert, ob das Schiff weiterhin in Dockmitte liegt. Sind keine Korrekturen notwendig, werden die Wassertanks des Docks so lange gelenzt, bis das Schiff trocken auf den Pallen steht. Sobald das Schiff auf Pallen aufliegt, werden alle Dockleinen vom Schiff

> Auf jedem Schwimmdock befindet sich eine Pumpstation, auch Steuerhaus genannt, von dem aus die Wassermassen für die Ballasttanks gesteuert werden. Eine Wasserwaage zeigt die Längs- und Querneigung des Docks.

Die Pumpstation (Steuerhaus) von Schwimmdock 10

Unten: Die BLACK PRINCE wird mit Dockleinen feinjustiert.
Rechts: Schiff liegt ohne Dockleinen auf Pallen. In Bildmitte die Gangway

> Gelegentlich faxt der Werftkapitän der Hafenlotsenstation einen Manöverplan zu, damit sich die Hafenlotsen vorab auf das Eindocken vorbereiten können. Das gilt aber nur für außergewöhnliche Schiffe, wie z.B. die QUEEN MARY 2.

Der Gastanker ANNA KNUTSEN vom Lotsenboot aus gesehen (Wetter: Nieselregen, 0°, bewölkt)

gelöst und auf den Dockseiten in Drahtkörben gelagert. Parallel dazu werden notwendige Landanschlüsse (Kühlwasser, Toiletten- und Feuerlöschanschlüsse etc.) hergestellt und die Gangway mit Kranhilfe angelegt und sturmsicher befestigt.

Ein- und Ausdocken (Dock 11)

Dock 11 ist das größte Schwimmdock bei Blohm + Voss. Dort können Schiffe bis zu einer Länge von 320,0 m ein- und ausgedockt werden. Nachdem die Eindockmanöver ›Elbe 17‹ (Trockendock) und Dock 10 bereits detailliert beschrieben wurden und die einzelnen Arbeitsabläufe in Dock 11 identisch sind, wollen wir uns in diesem Kapitel auf die Arbeit der Hafenlotsen und Schlepper konzentrieren.

Eindocken – Hafenlotsen bestellen

Während auf den Dockseiten alle Vorbereitungen für das Eindocken getroffen werden (Pallen setzen, Dockleinen auslegen etc.), bestellt die Reederei oder der Schiffsmakler/Agent einen Tag vor dem Eindocken einen oder zwei Hafenlotsen. Gelegentlich faxt der Werftkapitän der Hafenlotsenstation einen Manöverplan zu, damit sich die Hafenlotsen vorab auf das Eindocken vorbereiten können. Das gilt aber nur für außergewöhnliche Schiffe, wie z.B. die QUEEN MARY 2.

Hafenlotsen informieren sich

Nachdem alle Vorbereitungen im Dock 11 getroffen wurden, bereiten sich die beiden Hafenlotsen in der Hafenlotsenstation auf das Eindockmanöver vor. Einer wird als Voll-Lotse die Navigation des Schiffes übernehmen (Fahrer genannt), während der Kollege, der Beifahrer, für die Funkkommunikation mit den anderen Verkehrsteilnehmern im Hamburger Hafen zuständig sein wird, um für die notwendige Verkehrssicherheit zu sorgen. Anzumerken ist, daß der Fahrer keiner Größenbeschränkung unterliegt und als Voll-Lotse alle Schiffsgrößen – in Kooperation mit dem jeweiligen Kapitän – navigieren darf.

Der Beifahrer kann, muß aber nicht die gleiche Qualifikation haben. Der Einsatz beider Lotsen wird über die sogenannte ›Börtordnung‹ geregelt, nach der die Lotsen eingeteilt werden. Neben den Schiffsdaten (Länge, Breite, Tiefgang) informieren sich die Lotsen über die aktuellen Strömungsverhältnisse auf der Elbe und Witterungsbedingungen (Nebel, Windstärke und -richtung). Außerdem sind beide von dem Werftkapitän informiert worden, zu welchem Zeitpunkt das Schiff rückwärts in Dock 11 einzudocken ist. Rückwärts heißt, daß das Schiff vorher mit Schlepperhilfe auf der Elbe um 180° gedreht werden muss.

Sie wissen auch, daß die Reederei bzw. deren Schiffsagent bereits zwei Schlepper bestellt hat. Einer vorn, der den defekten Bugstrahler ersetzt, und einer achtern.

Dazu folgende Information: Da der einzudockende Gastanker ANNA KNUTSEN aussergewöhnlich groß ist, wurde von der Port Authority eine ›Schiffahrtspolizeiliche Genehmigung‹ erteilt, in der u.a. folgende Auflagen enthalten waren:

- ANNA KNUTSEN hat aufkommend die Hafenlotsenstation (Seemannshöft) 1,5 Stunden vor Hochwasser zu passieren.
- Das Schiff hat sich aufkommend und auslaufend von zwei Hafenlotsen beraten zu lassen.
- Das Schiff hat im Hamburger Hafen Radarberatung in Anspruch zu nehmen.
- Für das Befahren des Hamburger Hafens sind mindestens zwei Seeschiffassistenz-Schlepper anzunehmen.
- Das Befahren des Hamburger Hafens darf nur bis Windstärke 6 (Beaufort) erfolgen.

Diese Genehmigung erhielten die Reederei bzw. der Schiffsmakler, die Nautische Zentrale, die Wasserschutzpolizei, die Hafenlotsenstation, die Elblotsenstation Brunsbüttel, die Wasser- und Schifffahrtsämter Hamburg und Cuxhaven und der Werftkapitän von Blohm + Voss.

Mit diesen Informationen verlassen die Lotsen die Lotsenstation und fahren mit dem Lotsenboot dem Schiff entgegen, das sie zwischen Blankenese und Airbus über die Lotsenleiter erreichen.

Hafenlotsen an Bord

Nachdem die Hafenlotsen auf der Kommandobrücke von dem Kapitän begrüßt wurden und der Elblotse das Schiff verläßt, das er seit Brunsbüttel durch das schwierige Gewässer der Elbe bis zum Hamburger Hafen navigierte, übernehmen die beiden Kollegen die Navigationsberatung und die damit verbundene Verkehrssicherheit für das Schiff, das sie erst verlassen werden, wenn es festvertäut in Dock 11 schwimmt.

Zum Lesen der ›Pilot Card‹, in der die wichtigsten Schiffsdaten zusammengefasst sind, bleibt wenig Zeit. Wichtiger sind die Kurzinformationen des Elblotsen und des Kapitäns über die Manövriereigenschaften des Schiffes.

Vorderer Schlepper zieht das Schiff nach Steuerbord (Schleppleine ›tight‹)

Drehen des Schiffes

Da das Schiff nach Anweisung des Werftkapitäns rückwärts mit Schlepperhilfe in Dock 11 einlaufen sollte, mußte es vorher um 180° im Fahrwasser der Unterelbe zwischen Övelgönne und Parkhafen gedreht werden (siehe Wendekreise), nachdem die Schlepper vorn und achtern festgemacht hatten. In diesem Beispiel wurde das Schiff über Steuerbord gedreht, wobei der vordere Schlepper das Schiff nach Steuerbord und der hintere das Schiff nach Backbord zog, bis es rückwärts Richtung Dock 11 fahren konnte.

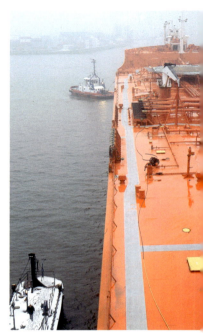

Während der Heckschlepper das 46 m breite Schiff in Dock 11 (Breite 52 m) zieht, stabilisiert der Bugschlepper das Schiff in der Längsrichtung. Links unten ist die südliche Dockwand zu erkennen

Schiff wird mit Bug- und Heckschleppern rückwärts in Dock 11 bugsiert

Eindockmanöver (von der Brücke aus gesehen)

Während die Geschwindigkeit des Schiffes nach der Drehung ca. 6 Knoten betrug, wurde sie vor Dock 11 auf 3,5 und wenig später auf 1,2 Knoten reduziert. Der Werftkapitän bat den für Navigation zuständigen Hafenlotsen, das Schiff nur noch mit Schlepperhilfe in das Dock hineinzufahren, um zu verhindern, daß die von den Schiffsschrauben ausgehenden Verwirbelungen des Wassers die auf dem Dockgrund stehenden Pallen nicht versetzen. Während des gesamten Manövers dirigieren und beobachten Hafenlotse und Kapitän gemeinsam die einzelnen Abläufe von der ›Nock‹ aus, dem Außenbereich der Brücke. Vorher hat der Werftkapitän über UKW Kontakt mit dem navigierenden Hafenlotsen aufgenommen, um von ihm die Tiefgänge des Schiffes (vorn und achtern) zu erfahren. Außerdem informiert er den Hafenlotsen über die Reihenfolge der von der Decksmannschaft einzuholenden Dockleinen.

Schiff fährt noch mit eigener Kraft rückwärts Richtung Dock 11

Hafenlotse (links) und Kapitän (rechts) im Außenbereich der Brücke (Nock)

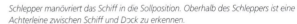

Heckschlepper zieht das Schiff bis zum Dockende, im Hintergrund Dock 10.

Schlepper manövriert das Schiff in die Sollposition. Oberhalb des Schleppers ist eine Achterleine zwischen Schiff und Dock zu erkennen.

Da das Schiff eine Breite von 46 m hat, das Dock aber nur 52 m breit ist, verblieben auf beiden Seiten des Schiffes nur 3 m Distanz zu den Dockseiten. Eine Eindocksituation, die von allen Beteiligten (Lotse/Kapitän, Schlepper und Werftkapitän) höchste Konzentration und Zusammenarbeit erforderte. Während das Schiff ins Dock einlief, wurde zunächst die Aufholleine (Jolle) der Backbord-Achterleine mit der Wurfleine an Deck des Schiffes gehievt und das Auge der Achterleine über den Poller gelegt und dockseitig straff/ ›tight‹ gezogen.

Der gleiche Arbeitsablauf wiederholte sich mit der Achterleine für die Steuerbordseite. Danach wurden die Vorleinen in der gleichen Arbeitsweise mit dem Schiff verbunden, während es noch von dem Schlepper gezogen wurde. Während sich das Schiff der Sollposition nähert, informiert der Werftkapitän den Hafenlotsen über den noch verbleibenden Abstand zu der im Dock festgelegten Hinterkante Schiff. Bevor diese Position erreicht wird, läßt der Lotse – nach Absprache mit dem Werftkapitän – das Schiff mit Hilfe des hinteren Schleppers aufstoppen, bis die Sollposition erreicht ist. Das Schiff ist in Position; alle Vor- und Achterleinen sind mit dem Schiff verbunden und ›tight‹ (straffgezogen).

Die für die Feinjustierung des Schiffes wichtige Achter- und Vorspring wurden als letzte Dockleinen mit dem Schiff verbunden (Wurfleine vom Schiff zum Dock; Wurfleine mit Aufholleine/Jolle verbinden; Wurfleine mit Jolle durch ›Springklüse‹ an Deck hieven; Auge der Spring über Poller und ›fest‹ melden; Spring dockseitig anziehen).

Mit der Achterspring, die auch als Stoppdraht bezeichnet wird, kann das Schiff ›aufgestoppt‹ (gebremst) werden, während mit der Vorspring das Schiff gezogen werden kann. Mit den Springs (Vor- und Achterleinen) wird jedes Schiff auf die vom Werftkapitän festgelegte Position im Dock feinjustiert, bis es exakt über den Pallen liegt.

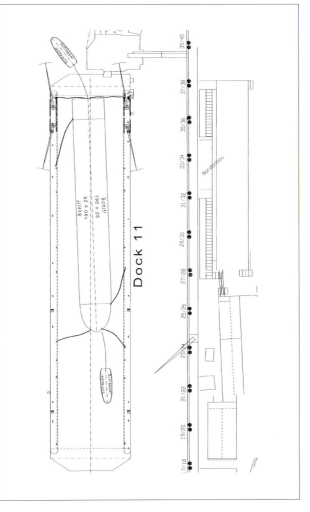

Schiff hat die Sollposition erreicht.
Quelle: H. J. Meggers (B + V)

Der Gastanker ANNA KNUTSEN ist mit Dock 11 fest verbunden.

> Sobald alle Dockleinen fest mit dem Schiff verbunden und ›tight‹ gezogen wurden, verlassen die Schlepper das Dock, und der Hafenlotse verläßt – im Mannkorb schwebend – das Schiff.

Alle Dockleinen fest. Heckschlepper verläßt Dock 11.

Nach der Feinjustierung des Schiffes auf Länge und Dockmitte werden die Wassertanks des Docks gelenzt, bis das Schiff auf den Pallen aufliegt und mit den Reparaturarbeiten begonnen werden kann.

Und falls das Schiff einen neuen Farbanstrich erhalten soll, werden vorher zwischen den vorderen und hinteren Dockseiten Netze gespannt, um Farbnebel aufzufangen.

Vorbereitungen:

Ausdocken

Auch wenn die Ausdockvorbereitungen im Schwimmdock mit den Arbeitsabläufen im Trockendock vergleichbar sind, seien hier die wichtigsten Details wiederholt:

- Nach der Reparatur des Schiffes wird der Ausdocktermin und damit auch der Termin für die Dockbesichtigung, die eigentlich Schiffsbesichtigung oder Reparaturabnahme heißen müßte, zwischen Objektingenieur (B + V) und Reederei festgelegt.

Nach der Reparaturabnahme werden die letzten Vorbereitungen zum Ausdocken getroffen:

Gastanker ANNA KNUTSEN im Schwimmdock

Gastanker ANNA KNUTSEN in Dock 11 nach der Reparatur

- Das auf Pallen liegende Schiff muß vor dem Ausdocken mit je zwei Vor- und Achterleinen mit dem Dock verbunden, stabilisiert werden; eine zusätzliche Leine ist dann notwendig, wenn die Strömung in der Elbe besonders stark ist oder Windrichtung und -stärke diese ergänzende Sicherheit erfordert.

ANNA KNUTSEN kurz vor dem Ausdocken

- Zuletzt wird die Gangway zwischen Dock und Schiff mit Kranhilfe entfernt und die Verbindung zur Schmutzwasseranlage getrennt.

Schwimmdock fluten

Das Fluten des Schwimmdocks erfolgt in zwei Stufen:

1. In der ersten Phase wird auf Anweisung des Werftkapitäns das Dock so weit abgesenkt, bis das Elbwasser die Seekühlwasserpumpen des Schiffes erreicht hat. Das Schiff schwimmt noch nicht auf! Erst wenn der Schiffsingenieur das Seekühlwassersystem auf Dichtigkeit mit positivem Ergebnis überprüft hat, informiert er den Dockmeister, der nach der Klarmeldung des Schiffsingenieurs die zweite Flutenstufe einleitet.

2. Während das Schwimmdock weiter abgesenkt wird und das Schiff aufschwimmt, sind alle Dockleinenpositionen von Dockwerkern besetzt, die dafür sorgen, daß das Schiff bis zum Ausdockzeitpunkt sicher mit dem Dock verbunden ist. Bemerkung eines Dockwerkers: »Wir wissen alle, was zu tun ist!«

Falls das Schiff aufgrund unterschiedlicher Tiefgänge in einer horizontalen Schieflage liegt, wird das Schwimmdock entsprechend getrimmt, der Schieflage des Schiffes angepaßt, damit sich das Schiff gleichmäßig von den Pallen lösen kann.

Hafenlotse und Schlepper

Bevor das Schiff das Dock verlassen kann, sind zwei Hafenlotsen mit dem Mannkorb an Bord gehievt worden, die das Ausdockmanöver von der Kommandobrücke aus koordinieren. Die rechtzeitig bestellten Schlepper sind vor Ort und warten auf ihren Einsatz.

Erst wenn der Werftkapitän den für das Ausdockmanöver zuständigen Hafenlotsen über UKW-Funk informiert, wann die Schlepper (einer vorn, einer achtern) ins Dock einlaufen können, veranlaßt er, daß das Schiff mit den Vorleinen etwas vorausgezogen wird, damit der Achterschlepper genügend Platz für das Ausdockmanöver hat und die Schiffsbesatzung die Schleppleine an Bord festmachen kann.

Sobald die Schlepper vorn und achtern fest sind, gibt der Hafenlotse Anweisung, in welcher Reihenfolge die Dockleinen von der Decksmannschaft gelöst werden sollen. Je nach Windrichtung und -stärke werden zuerst die Leinen auf der Lee-Seite, der windabgewandten Seite, gelöst. Und da Hafenlotse und Werftkapitän das Ausdockmanöver koordinieren, werden die letzten Dockleinen erst dann gelöst, wenn beide sicher sind, daß das Schiff mit Schlepperhilfe das Schwimmdock sicher verlassen kann und das Fahrwasser der Elbe problemlos erreicht.

Bugschlepper zieht das Schiff aus Dock 11 in das Fahrwasser der Elbe

»Gute Fahrt!«

Nächste Seite:
Heckschlepper stabilisiert den Kurs des Schiffes mit fester Schleppleine bis zur Fahrrinne der Elbe.

103